ETTER ATOMULYKKEN...

EFFEKTIVT VERN MOT RADIOAKTIV STRÅLING: EN PRAKTISK VEILEDER

VLADIMIR BABENKO

(Foto side 39)

Oversatt og adaptert fra fransk (*Après l'accident Atomique*)
av Susanne Urban, styremedlem i
Internasjonal Kvinneliga for Fred og Frihet, Bergen, Norge,
talsperson for Nordisk Nettverk mot Uranvåpen,
rådsmedlem i Nordisk Fredsakademi/ Hardangerakademiet.

"DETTE ER VÅR JORD, DET ER HER VI LEVER I"

ETTER ATOMULYKKEN...
EFFEKTIVT VERN MOT RADIOAKTIV STRÅLING: EN PRAKTISK VEILEDER

INNHOLDSFORTEGNELSE

INNLEDNING TIL DEN NORSKE UTGAVEN:
FRA TSJERNOBYL TIL FUKUSHIMA

Dette heftet inneholder opplysninger og råd om hvordan en kan leve i et radioaktivt forurenset område dersom en er tvunget til det. Gjennom kunnskap om de radioaktive stoffene, og om hvordan de oppfører seg i naturen og i kroppen, kan en forebygge mye av den negative virkningen. Heftet er utgitt av Belrad, et uavhengig hviterussisk institutt for strålevern opprettet av professor Vasily Nesterenko i 1990. Han var en kjent atom- og reaktorfysiker i Sovjetsamveldet, og da Tsjernobyl katastrofen skjedde i 1986 var han direktør for et atomforskningsinstitutt i Minsk i Hviterussland. Han forsto straks omfanget av ulykken og prøvde å få myndighetene til å sette i verk riktige tiltak, som utdeling av jodtabletter og evakuering. Men politikerne hørte ikke på fysikerne og medisinerne og heller ikke på vestlige eksperter og media. Nesterenko ble bedt om å slutte å skremme folk og ble anklaget for antisovjetisk oppførsel. Han ble oppsagt i stillingen som direktør, fikk hjerteinfarkt og var syk en lang periode. Så snart han var frisk nok, startet han sammen med kollegaer å måle radioaktivitet i mat, jord og mennesker i de radioaktive sonene i Hviterussland. Alt dette materialet ble klassifisert og holdt unna befolkningen. Først i mai 1989 ble materialet om Tsjernobyl frigitt. Ved hjelp av «Andrei Sakharov Foundation» opprettet Nesterenko det frie instituttet Belrad, der den viktigste oppgaven siden har vært å hjelpe barn som er forurenset av det radioaktive nedfallet. Ved hjelp av mobilt utstyr målte han fram til sin død i 2008 aktiviteten av radioisotopen Cs-137 i 300 000 barn i de radioaktive sonene. Han målte radioaktiviteten i barnekroppene før og etter helseferier i utlandet og opphold i rene soner hjemme, og påviste at radioaktiviteten gikk ned med riktig kosthold. Han laget anbefalinger for riktig kosthold og lanserte et pektinpreparat som han hevdet kunne binde Cs-137, slik at denne radioisotopen fortere ble utskilt fra kroppen. Dette heftet er et resultat av hans forskning og måleresultater gjennom mange år. Nesterenko møtte mye motstand i dette arbeidet på grunn av den politiske utviklingen i Hviterussland, som igjen førte til at miljø- og helsekonsekvensene fra Tsjernobyl-katastrofen ble bagatellisert.

I 2011 skjedde en ny atomkraftkatastrofe. Denne gang med total kjernenedsmelting i tre reaktorer og skade på reaktor nummer fire, på samme kraftverk. En skulle da forvente at folk i Fukushima med engang fikk tilgang på all den informasjon og erfaring Belrad og folk i Tsjernobyl-sonene har samlet. Men det som skjer er at historien gjentar seg. Igjen opplever folk at de ikke kan stole på myndighetene. Regjeringen, eieren av atomkraftverket (TEPCO) og atomindustrien representert ved IAEA ser ut til å være mer opptatt av å berge atomindustrien sitt rykte enn å hjelpe folk. Feilinformasjon og mangel på informasjon, skuffelser og forvirring som preget den første tiden etter atomkatastrofen har ført til dyptgående mangel på tillit mellom innbyggerne og myndighetene i Japan. Også i dag, to år etter katastrofen, er det mangel på pålitelig informasjon. Av den grunn har grupper av mennesker kommet sammen for å forsøke å samle informasjon og hjelpe hverandre. I 2012 opprettet de Fukushima Action Project (npfree.jp/english.html) som hadde som mål å passe på at aktivitetene til IAEA ble utført slik at det ble til hjelp for folket. Innbyggerne skaffet seg måleutstyr og begynte å måle radioaktiviteten i luften og i ris og grønnsaker i Fukushima-området, selv om de fra før ikke hadde kunnskap om dette. Selv om det viste seg at radioaktivitetsmålere ble utsolgt på nettet i løpet av veldig kort tid, klarte innbyggerne å etablerte sin første målestasjon allerede i juli 2011 og i dag er det 26 slike stasjoner i Fukushima. Disse har spilt en ledende rolle i å veilede folk og gi informasjon om indre og ytre eksponering. Dette arbeidet blir støttet av organisasjoner fra andre steder i Japan og fra utlandet. «Fukushima on the Globe» (www.fukushimaontheglobe.com) som ble opprettet våren 2013 av Japan NGO Center for International Cooperation (www.janic.org/en) arbeider for å bringe informasjon ut til verden fra Fukushima og Japan.

Norge har ikke atomkraft, men to forskningsreaktorer. Likevel kan utenlandske atomkraftverk i Norges nærområder føre til store nedfall av radioaktive stoffer i landet vårt dersom det skjer en ulykke. I Russland er det reaktorene av samme type som i Tsjernobyl vi frykter mest. Denne typen finnes utenfor St. Petersburg i Smolensk og Kursk. Alle disse, til sammen 11, har grafittmodererte reaktorer der det er større mulighet for en vedvarende brann og dermed utslipp av større mengder radioaktive stoffer enn ved andre reaktortyper. Kola atomkraftverk ligger 200 km i luftlinje fra grensa til Norge. De fire reaktorene der er ikke av samme type som reaktorene i Tsjernobyl og de er mindre, men har hatt mange mangler og svakheter. Derfor har Norge siden 1993 gitt bistand til Kola atomkraftverk for å utbedre dokumenterte sikkerhetsmessige svakheter. Noen av de eldste britiske reaktorene som bruker CO_2 som kjølemiddel bruker også grafitt til moderator. Likevel er det de 21 tankene med flytende høyradioaktivt stoff i Sellafield som er den største trusselen mot Norge fra England. (Strålevern Rapport 2010:13 Consequences in Norway after a hypothetical accident at Sellafield).

Nytt de siste årene er at de svenske atomreaktorene er usikre. Greenpeace skriver i en ny rapport at alle de 10 svenske reaktorene bør stenges straks, spesielt de eldste. Ringhals utenfor Gøteborg med fire reaktorer ligger 200 km fra norskegrensen. Ringhals 4 har store påviste svakheter. Nylig fløy Greenpeace over taket til denne reaktoren og slapp ned ballonger for å demonstrere hvor lett det ville være for terrorister å slippe til. (www.greenpeace.se). Statens strålevern ga ut en rapport i november 2012 om jodtabletter i norsk atomberedskap. Der beskriver de simulert utslipp etter potensielle reaktorulykker både i St. Petersburg og i Ringhals. I begge tilfeller kan store deler av Norge bli en radioaktiv sone der utdeling av jodtabletter kan bli nødvendig. Statens strålevern anbefaler å følge retningslinjer gitt av Verdens helseorganisasjon (WHO) om tiltaksnivå og dosering av jod til barn, gravide og ammende kvinner.

Konklusjonen må bli at det kan tenkes en situasjon der et slikt hefte som dette kan bli til hjelp, også for befolkningen i Norge. Å leve i kontaminerte områder ville forandret våre liv radikalt i 300 år, dvs ca. ti generasjoner framover. Med over 400 atomreaktorer i drift rundtom i verden virker det klokt å la grunnleggende kunnskap om radioaktivitet bli en del av vår almenkunnskap fra ungdomskolen og oppover. I tilfelle at radioaktiv forurensning skulle nå oss, vil erfaringene denne boken formidler bli svært så dyrbare.

Eva Fidjestøl, 10.06.2013

Eva Fidjstøl er lektor i fysikk, æresmedlem i Norges Naturvernforbund, Styremedlem i Nei til Atomvåpen og IKFF - Internasjonal Kvinneliga for Fred og Frihet; forfatter av rapportene *Uranvåpen* og *Tsjernobyl +22*, medforfatter av *Kvinneblikk på Atomkraft*; styremedlem i *Barn av Tsjernobyl internasjonal*.

Etter atomuykken - Vladimir Babenko

FØRSTE DEL : Å VITE

RADIOAKTIVITET

Materien er sammensatt av atomer som opptrer i kjemiske kombinasjoner kalt molekyler. Hvert atom består av en atomkjerne, som igjen består av små partikler kalt protoner og nøytroner. I bane rundt disse svirrer samme antall elektroner som det finnes protoner i kjernen. Protoner har positiv elektrisk ladning, nøytroner er ikke ladet, mens elektroner er ladet negativt. Normalt har atomer like mange protoner som elektroner slik at ladningene nøytraliseres innbyrdes. Hvis det kommer elektroner i tillegg, eller faller fra, blir atomet ladet og kalles ion. Radioaktivitet er egenskapen noen atomkjerner har til å transformere seg spontant ved å desintegrere/ falle fra hverandre og bli til andre atomkjerner.

Samme kjemiske stoff kan opptre både i radioaktive og i stabile variasjoner; forskjellen dem i mellom er kun antall nøytroner i kjernen. Variasjoner av et og samme element er kalt isotoper. Radioaktive isotoper kalles radionuklider.

Kjernen i det enkleste av elementene, hydrogen, inneholder bare ett proton; andre har flere titalls og i tillegg et visst antall nøytroner (som også kan være null). For hydrogen for eksempel, er det kjent tre naturlige isotoper: protium som er stabil (H1, et proton og ingen neutroner), deuterium (H2, et proton og et nøytron) også denne stabil, og tritium (H3, en proton og to nøytroner) som er radioaktiv. Desintegrering av en atomkjerne blir fulgt av en partikkelemisjon som bombarderer alt de treffer på sin vei med ulike energier, og da spesielt cellene i menneskekroppen.

Disse partikkelemisjoner kalles stråling. Vi skiller mellom ulike typer stråling: Alfastråling (α) som avgir en heliumkjerne, betastråling (β) som avgir et elektron (se etterfølgende faktaboks). Dessuten kan radioaktiv desintegrasjon også følges av gammastråling (γ) en elektromagnetisk stråling lik røntgenstråler, men med sterkere energi.

De ulike strålingstypene

Avhengig av partikkeltypene som blir satt fri under desintegrering av atomkjernen skiller en mellom ulike radioaktive transformasjoner:

• α-**alfa stråling**/ desintegrasjon = frislipp av α-partikler dvs. heliumkjerner

• β-**stråling** = frislipp av et elektron

• γ-**stråling** som noen ganger feilaktig blir ansett som en radioaktiv transformasjon. Det at γ-stråler blir avgitt går ikke hånd i hånd med en transformasjon av elementer; det dreier seg om en elektromagnetisk stråling, som utgår fra radioaktive atomkjerner som enda er aktive etter en α- eller β-desintegrasjon. Faktisk sitter den nye atomkjernen igjen med et overskudd av energi, etter å ha gjennomgått en α- eller β-desintegrasjon. For å bli kvitt overskuddsenergien avgir atomkjernen en eller flere γ stråledoser med en energimengde som er bestemt og karakteristisk for denne atomkjernen, altså av dette spesielle atomet. Det er på en måte signaturen til dette radioaktive elementet.

Ioniserende stråling er gjennomtrengende takket være dens iboende energi, det vil si at de kan gå gjennom materie. Gjennomtrengningsevnen er avhengig av strålingstype og materiens evne til å stanse stråling. Det er det som avgjør hvilken materialtykkelse som brukes for å beskytte seg mot stråling, om nødvendig og mulig.

Den mest utbredte radioaktive transformasjon er β-stråling/ desintegrasjon. Den er karakteristisk for 45% av alle kjente radionuklider.

Over 15% av radioaktive atomkjerner desintegrerer (faller fra hverandre) ved å avgi α-stråling. Denne typen desintegrering er karakteristisk for de tunge isotopene til de siste grunnstoffene i det periodiske systemet og for noen stoffer i midten av tabellen. α-stråling kan ikke produseres av lette grunnstoffer.

Ved å desintegrere forvandler radionuklidene seg, enten i andre typer radionuklider som senere faller fra hverandre, eller i ikke-radioaktive isotoper – såkalte stabile isotoper; i dette tilfelle stanser kjedereaksjonen.

Hver radionuklide er karakterisert ved tiden som trengs for at halvparten av en gitt mengde gjennomgår en naturlig desintegrasjon. Dette tidsspennet kalles den relative perioden eller halveringstiden av en bestemt radionuklide. Halveringstiden kan vare fra en brøkdel av et sekund til flere milliarder år, alt etter hvilket radioaktivt materiale det dreier seg om. (se faktaboks s. 16)

Halveringstid til et radioaktivt materiale

Halveringstiden til en radioaktiv isotop er den tiden som trengs for at halvparten av atomene i en gitt masse faller fra hverandre på naturlig vis. Med henblikk på et enkeltatom er den radioaktive perioden en statistisk egenskap: det er tidsspennet i hvilket atomkjernen har 50% sannsynlighet for å desintegrere. Denne egenskapen er ikke avhengig av omgivelsene – som temperatur, trykk, spenningsfelt – men kun av den enkelte isotop. Innenfor et visst tidsrom er altså antall atomkjerner som faller fra hverandre i en radioaktiv isotop kun avhengig av det opprinnelige antall atomer. Derav følger at antall opprinnelige atomer minker eksponensielt.

Den radioaktive halveringstiden kan også kalles den *fysiske perioden* for å skille den fra den *biologiske perioden*, som er tiden halvparten av en hvilken som helst mengde av en radioaktiv isotop trenger for å bli skilt ut av en organisme.

Halveringstid og *fysisk periode* kan brukes som synonymer. Men halveringstid er mer dekkende enn "periode", fordi radioaktive fenomener er ikke i det hele tatt *periodiske*.

Perioden kan variere veldig fra en radioaktiv isotop til en annen – fra en brøkdel av et sekund til milliarder av år og mer. Aktiviteten i et visst antall atomer er omvendt proporsjonal til isotopens halveringstid (Lang halveringstid = svak stråling).

Etter atomuykken – Vladimir Babenko

Enheten som måler desintegrasjonsrytmen er *Becquerel*, Bq, som tilsvarer en desintegrering pr. sekund. (Den gamle enheten *Curie*, Ci tilsvarer radioaktiviteten i et gram radium.)

Strålingen (alfa, beta, gamma) som følger en desintegrering er ladet med energi som måles i elektron-Volt (eV). Strålingsenergien er så stor at den måles i kilo-elektron-Volt (keV) eller megaelektron-Volt (MeV). Til sammenligning frigir selv de mest kraftige kjemiske reaksjoner bare noen eV.

Etter Tsjernobyl[1] har et stort antall radionuklider falt ned på hviterussisk jord. Noen med kort levetid er allerede falt fra hverandre, mens andre fortsetter å stråle og bombarder alt som kommer i deres vei med partikler. (Se etterfølgende faktaboks)

---

[1] Den 26.april 1986 skjedde verdens verste kjernekraftulykke (til da) i Tsjernobyl, Ukraina, 100km nord for Kiev. Det oppsto en eksplosjonsartet brann i reaktor 4, en vannkjølt, grafittmoderert reaktor. I alt 800.000 mennesker deltok i slukkings-og sikkerhetsarbeidet. Med liv og helse som innsats reddet disse "liquidatorene" Europa fra å bli ubeboelig. En sone på 30km rundt kraftverket ble erklært som faresone, over 135.000 mennesker ble evakuert, men 10 år senere levde fortsatt over 270.000 mennesker i områder som var underlagt restriksjoner pga. radioaktiv forurensning. Det ble konstruert en sarkofag av betong rundt reaktoren som senere ble rapportert å være i dårlig forfatning. Et nytt sikkerhetsskall, "New Safe Confinement", som skal skyves over reaktoren er fortsatt under bygging pr. juni 2013 . Det buete metall-lokket vil veie over 30.000 tonn og vare i "minst" 100 år Det har vært finansieringsproblemer, men prosjektet vil forhåpentligvis avsluttes i 2015.

Pga. vindretningen ble Skandinavia hardt rammet. I Norge var nedfallet særlig stort i fjellområdene i øvre Oppland, samt langs svenskegrensen i Hedmark og Trøndelag. Mer enn 20 år etter ulykken er det fortsatt nødvendig med tiltak for å hindre for store konsentrasjoner av radioaktivitet i enkelte næringsmidler.

De viktigste radioisotoper i utslippene fra atomkraftverket i Tsjernobyl

Isotop		halveringstid	
Krypton-85 m	^{85m}Kr	4,4 timer	
Neptunium-239	^{239}Np	2,35	dager
Molybdenium-99	^{99}Mo	2,75	dager
Tellurium-132	^{132}Te	3,26	dager
Xenon-133	^{133}Xe	5,25	dager
Iod-131	^{131}I	8,02	dager
Barium-140	^{140}Ba	12,7	dager
Cerium-141	^{141}Ce	32,2	dager
Ruthenium-103	^{103}Ru	39,3	dager
Strontium-89	^{89}Sr	50,6	dager
Zirconium-95	^{95}Zr	64,0	dager
Curium-242	^{242}Cu	163,0	dager
Cerium-144	^{144}Ce	284,0	dager
Ruthenium-106	^{106}Ru	368	dager
Cesium-134	^{134}Cs	2,06	år
Krypton-85 m	^{85m}Kr	10,7	år
Plutonium-241	^{241}Pu	14,4	år
Strontium-90	^{90}Sr	29,12	år
Cesium-137	^{137}Cs	30	år
Plutonium-238	^{238}Pu	87,74	år
Plutonium-240	^{240}Pu	6537	år
Plutonium-239	^{239}Pu	24390	år

Befolkningen i områdene som ble kontaminert (forurenset, smittet) av radioaktivt nedfall mottar ennå i dag stråling avgitt av disse nuklider. Det er dog ikke denne utvendige, ganske svake strålingen som utgjør den største helsemessige trusselen for innbyggerne når det kommer til stykket.

> **De alvorligste konsekvensene av radioaktiv forurensning stammer fra radioaktive partikler som har kommet seg inn og bundet seg til enkelte steder i menneskekroppen.**

Denne innvendige forurensningen er kilde til intern stråling som vedvarer så lenge radionuklidene holder seg inne i kroppen, dvs. så lenge de ikke har falt fra hverandre eller blitt fjernet.

Hva er halveringstiden av strontium-90 og av cesium-137, de mest utbredte av langtidsforurensningene i områdene rundt Tsjernobyl? (jfr. tabellen foran) Halveringstiden for både strontium-90 (som avgir β-stråling på 546 keV) og cesium-137 (avgir β-stråling på 514 keV og γ-stråling på 662keV) er rundt tretti år. I tilfeller av stråleforurensning på nivå med Tsjernobylulykken, anslås at konsentrasjonen av radionuklider blir ubetydelig etter ca 10 halveringstider. **Det betyr at det vil ta nærmere 300 år for at cesium og strontium som forurenser jordsmonnet etter Tsjernobyl-ulykken ikke lenger representerer et strålesikkerhetsproblem.** Våre barn, våre barnebarn, våre oldebarn, som vi selv, må lære å leve i et radioaktivt miljø, utsatt for effektene av denne strålingen. Vi må vite hvordan vi skal minimalisere strålingspåvirkningen på organismen, for at våre barn og barnebarn kan holde seg friske.

FORURENSNING FRA EN KILDE INNE I KROPPEN

Intern stråling er spesielt farlig, siden radioaktiviteten påvirker cellene inne i menneskekroppen direkte. Av alle isotoper som ble funnet etter nedfallet fra Tsjernobyl-katastrofener jod, strontium og cesium de som ble mest spredt og som er farligst både på kort sikt og på lang sikt.

I-131: Jod-131 avgir β og γ -stråling med en halveringstid på 8,07 dager (og en aktivitet på $4,6x10^{15}$ Bq/g). Desintegreringsenergien er på 970 keV derav 606 keV β og 364 keV gamma. Jod-131 blir lett tatt opp av kroppen, spesielt av skjoldbruskkjertelen. Jod-131 representerer en reell fare i noen uker eller måneder; deretter er den så godt som forsvunnet.

Cs-134: Cesium-134 har en halveringstid på 2,06 år. Under en atomulykke er dens andel av radioaktiviteten lik den av Cs-137, men siden den faller fra hverandre så mye raskere, er dens relative andel nesten 0 etter 20 år. Den desintegrerer ved å avgi β-stråling på 2,05 MeV.

Cs-137: Cesium-137 avgir β-og γ -stråling med en halveringstid på 30 år og en aktivitetstyrke på $3,2x10^{12}$ Bq/g. Desintegrasjonsenergien er på 1.174 MeV, derav 512 keV β-og 622 γ -stråling. Isotopen er først og fremst farlig som kilde til sterk stråling og pga. sitt lange liv. Dette basiske metallet ligner på kalium. Som kalium sprer den seg til hele kroppen. Den biologiske halveringstiden for at den skal bli skylt ut av organismen er aldersavhengig, fra 15 til 150 dager.

Sr-89 og Sr-90:

Strontium-90 avgir kun β-stråling på 546 keV; halveringstiden er ca 29,1 år (med en aktivitet på $5,1x10^{12}$ Bq/g). **Strontium-89** avgir β-stråling på 1,463 MeV og har 50,6 dagers halveringstid (med aktivitet på $1,1x10^{12}$ Bq/g). Strontium 89 er farlig noen år etter en ulykke, mens strontium 90 kan opptre i farlige konsentrasjoner gjennom flere hundre år. Utover å avgi β-stråling desintegrerer strontium-90 atomene i yttrium-90, også radioaktiv, med halveringstid på 64,2 timer, som igjen faller fra hverandre ved å avgi en β-partikkel på 2,27 MeV.

Strontium innehar egenskaper som får den til å ligne på kalsium, og binder seg til beinvev og fremfor alt til beinmarg.

VEIER TIL STRÅLEFORURENSING I MENNESKE-KROPPEN

La oss understreke en gang til at befolkningen i de kontaminerte områder i Hviterussland ikke bare er utsatt for stråling fra omgivelsene, men også - sågar **først og fremst** - utsatt for kontaminering fra radioaktive partikler som befinner seg i lokalt produsert mat. Lokale matvarer er tungt forurenset av radionuklider fra cesium-137 og strontium-90. Selv om stråledosene er for svake til å bli registrert av vanlige dosimetre, står denne interne strålingen for 70-90% av den totale strålebelastningen - altså av summen av strålebelastningen fra både kilder utenfor og innenfor kroppen. Industrielt framstilte produkter står for en mindre del av totalbelastningen enn grønnsaker fra egen hage eller skogens produkter som viltkjøtt, fisk fra elver og innsjøer, bær, sopp og medisinske urter. Det kan forklares med at matvareindustrien i Hviterussland blir kontrollert på radioaktivitet, ikke bare når det gjelder bearbeidede produkter som leveres til forbrukeren, men også råvarene.

Cesium er vannløselig og sprer seg veldig fort i omgivelsene. En finner det lett på veldig lange avstander fra atomreaktoren i Tsjernobyl. Når cesium entrer jordsmonnet blir det lett absorbert av vegetasjonen. Det er først og fremst gjennom næringskjeden at radionuklider kommer inn i menneskekroppen; det skjer også gjennom innånding (pusten) og ved direkte kontakt med hud og slimhinner, men i mye mindre grad.

Når de strålende partiklene først var falt ned på hviterussisk område, ble radionuklidene med lang levetid for det meste deponert i det øverste jordlaget. I dag er jordsmonnet hovedkilden til stråleforurensning i landbruksproduksjonen.

Etter atomuykken - Vladimir Babenko

Trerøttene, spesielt fra frukttrær, trenger langt ned i grunnen og fruktene kan være rene for radioaktivitet, selv i kontaminerte områder. Forholdet mellom mengden radionuklider i grunnen og mengden absorbert av plantene er avhengig av jordtype og plantesort. Forholdet er minst for planter som vokser på fruktbar jord som de "svarte jordene" som bare absorberer få nuklider. Det er størst på myrjord, torvjord, sandholdig jord og utvasket, skrinn jord, som opptar mest stråling. Lav, moser, sopp, belgfrukter og gress akkumulerer mye. Forekomsten av radionuklider i ville bær som vokser i forurensede strøk, som blåbær, tyttebær, tranebær er også veldig høy. Iht. til Statens Strålevern, Norge, gjelder det i høy grad også molter.

Radionuklider kommer inn i og fester seg i den menneskelige organismen gjennom diverse næringskjeder:

PLANTE → MENNESKE

PLANTE → FE → MELK → MENNESKE

PLANTE → DYR → KJØTT → MENNESKE

ALGER → FISK → MENNESKE

Næringskjedene kan være særdeles komplekse. Hvis en for eksempel separerer melk og gir mysen fra kontaminert melk til kjøttfe, får vi følgende kjede:

SKOG → FE → MELK → MYSE → FE → KJØTT → MENNESKE

Her en annen ganske kompleks og lang næringskjede:

SKOG → FYRINGSVED → OVN → ASKE → GRØNNSAKS-HAGE → GRØNNSAKER → MENNESKE

Disse eksemplene viser oss at det er mulig å forebygge opptak av radionuklider i den menneskelige organismen under forutsetning av en viss kunnskap og daglige vaner som vi vil presentere nå.

Det høyeste nivået av stråleforurensning i melk som ble målt av Belrad-Instituttet siden det ble opprettet, var i melk fra Braguine-distriktet. Målingen var på 5 545 Bq/l (becquerel per liter), i en tid der øvre grense var satt til 111 BQ/l. Omsider fant en ut av grunnen: to innbyggere av Braguine-distriktet hadde hentet høy innenfor 30-kilometer-sonen rundt kraftverket, og så blandet høyet med høy fra andre områder. Kyr kan ikke oppdage stråling i høy. Barna drakk gladelig melken full av Cs-137, for heller ikke de har mulighet til å sanse stråling. Skadene påført barna av strålingen var hundrevis av ganger større enn nytten de kunne ha hatt av melka... (jfr. Illustrasjonen vedrørende kontaminering s. 40)

Et annet eksempel: Den største konsentrasjonen av radionuklider i en barnekropp ble målt i 1999 i Narovlia-distriktet; den var over 7.000 Bq/kg. I denne familien ble det spist mye vilt fra lokale skoger. Villsvin vet ikke noe om grenser og bryr seg lite om avgrensningen av den forbudte sonen rundt atomkraftverket. De bor der de finner mat. Og spiser det de finner i skogen. Villsvinene fra Narovlia sanser ikke strålingen, like lite som kyrne fra Braguine – de spiser det som naturen byr. En veldig kort næringskjede VILT → MENNESKE hadde forårsaket denne sterke opphopningen av radionuklider i organismen til de to skolejentene fra Narovlia.

Næringsmidler er den viktigste kilden til tilførsel av radionuklider i organismen.

Oppfølgingen av barna i en landsby fra Tchetchersk-distriktet satte søkelys på en stor familie der både barna og foreldrene hadde strålenivåer som var ti til femten ganger høyere enn akseptable grenseverdier. Strålekontrollen av maten de pleide å spise viste at syltetøyet deres av blåbær, tranebær og tyttebær, likedan saltede sjampinjonger, var sterkt forurenset av cesium-137 og at det var uegnet for konsum. Det er lett å forstå fortvilelsen til fembarnsmoren: hun hadde hatt et stort arbeid med å plukke og konservere bær og sopp, og hun hadde brukt en del penger på sukker i troen på at hun kom til å ha pålegg til barna. Plutselig hører hun at det er bare å hive all den maten. Men hun fant kraften til å gjøre det. Medlemmene av denne familien ble behandlet med en adsorbent basert på eplepektin for å skille ut radionuklidene fra deres organisme. Barna måtte klare seg uten sopp og blåbær plukket i en skog med et radioaktivt miljø på over 900 mRad/t (den gjennomsnittlige radioaktiviteten i omgivelsene i en ikke kontaminert region er på 5 mRad/t). Til slutt viste målingene tatt i september 2002 at den spesifikke radioaktiviteten av cesium-137 hadde falt til 40 Bq/kg i barna og 70 Bq/kg i foreldrene.

La oss granske næringskjedene der radionuklidene kommer inn i menneskekroppen: en ser at det er nok å kutte ut et bindeledd for å begrense tilførsel av radionuklider til kroppen – eller å tilføye et ledd. Hvis en for eksempel tilføyer leddet "SEPARERING AV MELKEN" til kjeden

"PLANTE → FE → MELK → MENNESKE ", så blir mengden radionuklider som går over i menneskekroppen begrenset, fordi brorparten av de radioaktive partiklene vil forbli oppløst i mysen. Vel å merke er denne mysen uegnet til forbruk. Hvis en sløyfer sopp i en næringskjede, vil det være mindre radionuklider som blir tilført kroppen. Hvis en tilføyer leddet "BLØTLEGGING" mellom leddet SOPP og MENNESKE, vil heller ikke radionuklidene som ble oppløst i vannet kunne kontaminere organismen.

HELSEKONSEKVENSER AV STRÅLING

Energien som avgies under kjernespalting og når atomer ned-brytes kan være nyttig for mennesket. Men hvis styringen svikter eller hvis den ikke blir nøye avgrenset og holdt under streng kontroll kan den skade oss veldig.

Medisinske undersøkelser har i løpet av de siste årene vist at Tsjernobyl-katastrofen har hatt, og har fortsatt en sterk skadelig effekt på helsen til den hviterussiske befolkningen.

Undersøkelsene viser at:
• Andelen barn ved god helse, som var 85% før katastrofen, har falt til 20%
• Kroniske sykdommer har økt fra 10% til 20%
• Uavhengig av hvilken type sykdom har antall sykdommer økt overalt
• Hyppighet av medfødte misdannelser har i områdene kontaminert av Tsjernobyl blitt 2,3 ganger høyere (mer enn fordoblet).

To millioner mennesker lider under følgene av Tsjernobyl-katastrofen, derav 500 000 barn.

Selv svake doser med radioaktivitet inne i kroppen kan føre til alvorlige sykdommer og død.

Etter ulykken har innbyggerne i de forurensede områder i 26 år fortsatt å spise lokalt produsert mat som inncholder radionuklider med lang levetid – fremfor alt cesium-137 – på nivåer langt over grenseverdiene. Sammenlignet med ekstern stråling kan strålingen inne i kroppen som kommer fra radionuklider som har festet seg der være for svake for å bli målt av klassiske dosimetre, vanligvis kalt geigertellere. Men selv minimal stråling som påvirker kroppen over lang tid innenifra kan føre til uhelbredelige skader i organismen.

For å fange opp lavdosestråling trengs et apparat som er utviklet nettopp til dette formål – et spektrometer for menneskelig stråling (SHR Spectrometer for Human Radiation) utviklet av Belrad-Instituttet.

En av egenskapene som kan observeres tydelig når det gjelder cesium-137 er at den blir tatt opp på veldig ulikt vis av kroppens ulike organer. Dette forklarer særtrekkene ved virkningen. Studier har vist at konsentrasjonsnivåene av cesium-137 er ti til hundre ganger høyere i vitale organer (nyrer, lever, hjerte) enn gjennomsnittet av hele kroppen.[2] La oss ta et eksempel: Hvis en får et gjennomsnitt av Cs-137 på 50 Bq/kg for hele kroppen, kan nivåene i nyrene komme opp til 3000-4000 Bq/kg, i hjertet opp til 1000 Bq/kg. Med andre ord: måling av gjennomsnittsdosen gir ikke nok informasjon; en må vite hvordan den er fordelt i kroppen.

Mengdene som blir tatt opp i kroppen er ekstremt små, 1,3 milliard-del gram av cesium-137 for en nominell målbar totaldose av 4000 Bq (100 Bq/kg i et barn som veier 40kg). De er altså vanskelige å spore med biokjemiske metoder, i motsetning til skadene den iboende radioaktiviteten forårsaker. Det er altså ikke giftighet i det kjemiske stoffet cesium som påvirker det menneskelige

---

[2] Y.I.Bandazhevsky, *Chronic Cs-137 incorporation in childrens organs*, Swiss Medical Weekly, 2003; 133: 488-490

stoffskiftet, men kombinasjonen av giftighet og stråling (radiotox-icity) innebygget i den radioaktive isotopen.

Alvorlighetsgraden i sykdomsforløpene i vitale organer er direkte proporsjonal med mengden cesium-137 akkumulert i kroppen. Jo større mengder, jo større skade på organene.

Barn og ungdom er samfunnets mest utsatte når det gjelder stråling.

Økningen i antall medfødte misdannelser hos barn med mødre som ikke har fått spesiell oppfølging under svangerskapet er en av konsekvensene av den kroniske lavdosestrålingen gjennom radionuklider som har satt seg fast inne i kroppene deres. Vi ser en økning i hyppighet av sukkersyke (diabetes mellitus), kroniske sykdommer i fordøyelsessystemet, luftveiene, autoimmune sykdommer og allergier, samt tilfeller av skjoldbruskkjertelkreft og ondartede blodsykdommer. Disse autoimmune sykdommene fører til at cellene som er ansvarlige for å uskadeliggjøre infeksjonsbakterier, virus eller kreftceller, i stedet angriper friske celler i visse organer, som de som produserer insulin i bukspyttkjertelen. Denne selvødeleggelsen ligger til grunn for alvorlig sukkersyke. Antall barne- og ungdomstuberkulose vokser stadig. Det er blant innbyggerne i Gomel at veksten er størst, noe som bekrefter den radioaktive faktoren sitt ansvar for at immunforsvaret senkes, noe som fører til svekket motstandskraft mot tuberkulosebakterier og andre infeksjoner.

Det er mulig å forebygge den sykdomsfremkallende effekten av radioaktiv forurensing

Effekten av radionuklider inne i menneskekroppen, og da først og fremst cesium-137, har blitt studert i ulike aspekter under forskning på hjerte-kar-systemet, synsorganer, lymfesystemet, reproduksjonssystemet, tilstanden på vev, stoffskiftet og blodsystemet.

Det viser seg at det er hjerte-kar-systemet som er mest følsomt for høye nivåer av radioaktiv cesium: hyppigheten av feil i hjertefunksjonen står i direkte forhold til mengden av cesium-137 tatt opp i kroppen. Hjertefeil er blitt observert hos 18% av barn kontaminert med mindre enn 5 Bq/kg, hos 65% av barna kontaminert fra 11-26 Bq/kg og hos 87% av barn kontaminert med mer enn 74 Bq/kg fra cesium-137.[3]

Det at hjerte- og karsystemet er rammet gjennom indre stråling fra radioaktiv cesium viser seg gjennom økningen i antall personer berørt av alvorlige hjertefeil eller forhøyet blodtrykk som oppstår allerede i barndommen.

Også synet er veldig sensibelt for radioaktivitet. Blant de mest vanlige sykdommene knyttet til synsorganet kan vi nevne grå stær; degenerering av glasslegemet (mellom linsen og netthinnen). En høy stråledose utenfra fører til degenerering av netthinnen som begynner etter en latenstid på noen år, og til blindhet få år senere – slik det skjedde med mange av likvidatorene[4]. Studier dokumenterer sammenhengen mellom mengden av indre radionuklider og

---

[3] G.S. Bandazhevskaya, V.B.Nesterenko, V.I Babenko, T.V. Yerkovich, Y.I Bandazhevsky, *Relationship between Cæsium (^{137}Cs)load, cardiovascular symptoms, and source of food i "Chernobyl" children – preliminary observations after intake of oral apple pectin,* Swiss Medical Weekly, 2004; 134: 725-729

[4] Likvidator: navnet gitt i det tidligere Sovjetunionen til sivilt og militært personell som ble satt til å rydde opp på stedet under Tsjernobyl-katastrofen i 1986

forekomst av grå stær. Det er viktig å understreke at en senkning av radioaktive cesiumverdier inne i organismen fjerner de beskrevne sykdommene. Sagt på en annen måte: det er mulig å behandle øyesykdommer ved å bidra til utskilling av radioaktiv Cesium fra organismen. Situasjonen er altså ikke helt desperat.

Radioaktiv cesium kan bli lagret i organene i buken: leveren, milten, tarmveggene, bukspyttkjertelen og nyrene. Det kan føre til alvorlig skade på celler i disse organene.

Immunsystemet lider tidlig under ioniserende stråling, slik at motstandskraften i kroppen faller. Som i de forutgående tilfellene, er denne ødeleggelsen proporsjonal med mengden stråling som er opptatt i kroppen. De radioaktive stoffene som tas opp av vev påvirker også blodsystemet, nervesystemet og forplantningsorganene.

Medisinsk forskning viser at alvoret i skadene forårsaket i organismen varierer med mengden radionuklider tatt opp og i hvor lang tid de får virke. Noen ganger er skadene irreversible.

OM Å MÅLE STRÅLEFORURENSNING I NÆRINGSMIDLER

Etter Tsjernobyl-katastrofen ble et system for kontroll av stråling i omgivelsene etablert i Hviterussland. Dette systemet har som oppdrag å kontrollere luft, jordsmonn, vannforekomster, skog og næringsmidler, og fungerer under oppsyn av departementer og myndigheter. Strålekontroll av mat er det absolutt viktigste under de nå rådende omstendigheter, fordi strålingen i omgivelsene bare representerer en liten risiko sammenlignet med den indre strålebelastningen fra menneskers næringsinntak. Helseministeren (Minzdrav), med ansvar for kontroll av grønnsakshager og private gårdsbruk, samt avlinger fra skogen, har ikke vært effektiv i dette arbeidet. Dette har flere grunner, først og fremst mangel på kjøretøy, mangel på drivstoff, mangel på spesialister og mangel på egnede måleredskaper.

Siden 1990 er det det uavhengige Belrad-Instituttet som gjennomfører overvåkingen av cesium-137-innholdet i grønnsakene produsert i hager og privat landbruk. Med dette formålet har Belrad skapt Lokale Sentre for Radiologisk Kontroll (LSRK) samlokalisert med lokale myndigheter som skoler og helsestasjoner. Dette ble gjort med finansiell støtte fra Comtchernobyl (Komitéen for likvidering av konsekvenser fra Tsjernobyl-katastrofen, underlagt departementet for kriseberedskap). Lokale Sentre for Radiologisk Kontroll (LSRK) var blitt satt opp i de største tettstedene i de kontaminerte områdene rundt Gomel og Mogilev; et fantes også i Minsk-regionen, (70 km fra hovedstaden). Dessverre har de lokale myndighetene beslaglagt disse uavhengige sentrene og de fleste er nå stengt. Allikevel klarte Belrad-Instituttet å skape en viktig databank med mer enn 320 000 måleresultater av cesium-137 i lokalt produserte matvarer, alle tatt i LSRK.

Analysen av disse dataene viser at 15% av melken og 80% av skogens avlinger (sopp, bær, vilt, fisk) inneholder cesium-137-nivåer som overstiger grenseverdiene (111 Bq/l i henhold til normene fra 1996 og 100 Bq/l iht til de fra 1999.) Det er en kjensgjerning at av den interne strålebelastningen målt i barn fra landsbyene kommer 60% fra melk og 40% fra skogsprodukter som inneholder cesium-137 langt over grenseverdiene.

Spesielt farlige næringsmidler er: vilt, sopp, blåbær.

Helsestasjonene (Stasjoner for hygiene og epidemiologi) i distriktene gjennomfører også kontroll av næringsmidler fra privat sektor. Også deres registreringer vitner om en tung kontaminering av lokale produkter. Stråleverdiene i sopp funnet gjennom hundrevis av målinger mellom 1999 og 2002 har vist seg å være over de offisielle grenseverdiene i 100% av tilfellene i områdene rundt Narovlia, Elsk, Braguine og i 80% av tilfellene i Retchista-regionen.

Høye nivåer av cesium-137 i melk har hovedansvar for stråling i kroppens indre. Dette utgjør en spesielt stor fare for barn, og er antageligvis en av hovedårsakene til den plutselige forverringen av deres helsetilstand.

HVORDAN GJENNOMFØRES RADIOLOGISK KONTROLL AV MATVARER?

Strålingen fra radionuklidene som kontaminerer matvarene er altfor svake til å gi utslag på vanlige geigertellere. Den kan ikke identifiseres fordi den blander seg med bakgrunnstråling i omgivelsene. For å vurdere strålingen er det absolutt nødvendig å studere stråling fra ulike kilder isolert. Til dette finnes et spesielt apparat kalt radiameter. For å bestemme nivået av radioaktiv cesium-137 i matvarer, såfrø og fôr brukes radiametre RUG-92 og RUG 92M.

(Se s. 39: stråledetektor betjent av to barn lært opp av Belrad-Instituttet)

Radiameteret består av en container som er sikret mot bakgrunnstråling med tykke blyvegger, en detektor, et elektronisk måleinstrument og et display/ en dataskjerm. En plasserer det som skal kontrolleres (volumet må være mellom ¼ og én liter) i den sikrede containeren som har en detektor montert på innsiden. Hvis produktet som skal måles inneholder radionuklider, blir dette registrert av detektoren og resultatet av målingen vises på en skjerm ved hjelp av elektronikken. Måleenheten er becquerel pr. kilogram (Bq/kg) hvis det dreier seg om faste eller pulveraktige produkter, og becquerel pr. liter hvis det dreier seg om væsker.

For å vite om produktet er egnet til forbruk, er det nok å sammenligne måleresultatet med de offisielle grenseverdiene etablert for næringsmidler og drikkevann (RDU-99). I teorien kan produktet inntas hvis det inneholder mindre radionuklider enn den etablerte normen, som en finner på tabellen over akseptable nivåer (d.v.s. grenseverdier RDU-99).

Imidlertid vurderer spesialistene i Belrad-Instituttet enhver til-
stedeværelse av radioaktiv cesium i kroppen som farlig: det er vik-
tig å vite at enhver ny stråledose som finner veien til kroppens ind-
re summerer seg til de forutgående og at RDU-99 sine grenseverdier
dier kun er veiledende. Når det gjelder grenseverdier for barn er
det tvingende nødvendig at de ikke overstiger 37 Bq/l eller pr. kg
for alle næringsmidler, ikke bare for produkter myntet på sped-
barn (se tabell s. 36).

Et naturlig spørsmål når en bor i kontaminerte områder, er å
vite hvor en kan få kontrollert produksjonen fra egen grønnsaks-
hage, fra gårdsbruk, fra skog og mark eller fra butikken.

Det er nødvendig å fortløpende overvåke stråleforurensningen
i matvarer i områder kontaminert av radioaktivt nedfall etter
Tsjernobyl, med spesiell oppmerksomhet på melkeprodukter og
næringsmidler fra skogen. Hvis kyr beiter i skogen eller i vasstruk-
ne enger må melken deres *alltid* bli kontrollert. Hver gang kyr skif-
ter beite eller fôr må melken kontrolleres. Det er logisk å kontrol-
lere fôret når det blir laget til. Sopp og bær må *alltid* kontrolleres.
Dette vil gjøre det mulig å fastslå ulik stråleforurensning i ulike
skogsområder der det vokser sopp og bær. Muligens kan en opp-
dage områder som er lite forurenset der en kan plukke sopp og
bær som kan spises etter at de er behandlet på riktig måte.

Kontroller næringsmidlene

Et gamma-radiameter for måling av radioaktiv stråling i næringsmidler, med detektor-elektronikk, styring og avskjerming.

Grenseverdier for cesium-137 i næringsmidler (Bq/kg eller Bq/l)

Næringsmiddel	Hviterussiske Grenseverdier	Grenseverd. Japan etter Fukushima feb.'12 *	Grenseverdier Norge feb.'13 **	Grenseverdier EU/ produsert i EU *** fram til 31.03.2014	Grenseverdier EU/ produsert i EU ***	Grenseverdier USA
Drikkevann	10	10			1000	1200
Flytende næringsmidler				100	500	
Næringsmiddel generelt, inkl. melkeprodukter		100			1250	1200
Melk		50			1000	1200
Andre næringsmidler unntatt næringsmidler av begrenset betydning (som brukes lite)				100	500	
Melk og helmelkprodukter	100		370			
Melk og melkeprodukter					50	200
Konsentrert melk, kondensert melk	200					

Etter atomuykken – Vladimir Babenko

Næringsmiddel	Hviterussiske Grenseverdier	Grenseverd. Japan etter Fukushima feb.'12 *	Grenseverdier Norge feb.'13 **	Grenseverdier EU/ produsert i EU *** fram til 31.03.2014	Grenseverdier EU/ produsert i EU ***	Grenseverdier USA
Hvitost	50					
Løypeost og smelteost	50					
Smør	100					
Kjøtt-og slakteriprodukter: storfe og sau	50	} 100				
Svinekjøtt, fjærkre, svin- og fjærkreprodukter	180					
Brød og brødvarer	40					
Poteter	80					
Mel, semule, sukker	60					
Planteoljer	40					
Animalsk fett og margarin	100					
Grønnsaker og rotfrukter	100	100				
Frukt	40					
Bær dyrket	70					
Konserver: grønnsaker, frukt, bær dyrket	74					
Ville bær og frukt, sylte- tøy	185					
Fersk sopp	370		} 3000			
Tørket sopp	2500					
ALLE produkter til bar- nemat	37	50	370	50	400? 200?	1200
Tamrein, vilt, fersk- vannsfisk			3000			
Andre næringsmidler	370	100	600			

* Japan setter strengere grenseverdier for næringsmidler 12.feb.2012, 20 ganger strengere enn i USA og EU:

www.japanprobe.com/2011/12/27/japans-new-limits-for-radiation-in-food-20-times-stricter-than-american-and-eu-standards/

www.yomiuri.co.jp/dy/national/T120217006336.htm

** Cesium-137 oppkonsentreres i brunostproduksjon. For at det ferdige produktet ikke skal overstige grensen på 600 becquerel/kg blir bare melk under 50 becquerel/kg benyttet i produksjonen.

*** Grenseverdier gjelder kun varer produsert i EU; ved import av japanske varer anvendes japanske grenseverdier.

EU-kommisjonen iverksatte et direktiv som tilpasser EU-verdiene til de strenge japanske verdiene: Japanske myndigheter senket verdiene drastisk 1.april 2012. EU overtok de lave verdiene, i første omgang gyldige til 31.mars 2014 **(EU-direktiv 996/2012)**. www.bfs.de/de/kerntechnik/unfaelle/fukushima/strahlenschutz_europa.html/printversion

Vladimir Babenko,
co-direktør for Belrad-Instituttet, forfatter av denne boken.

Prof. Vassily Nesterenko
atom- og reaktor fysiker, grunnlegger av Belrad-Instituttet

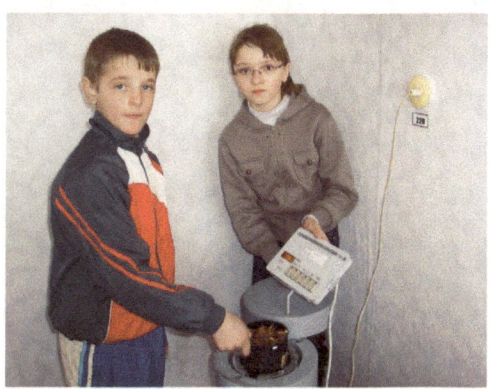

Barn lært opp av Belrad-Instituttet betjener en detektor for radioaktivitet

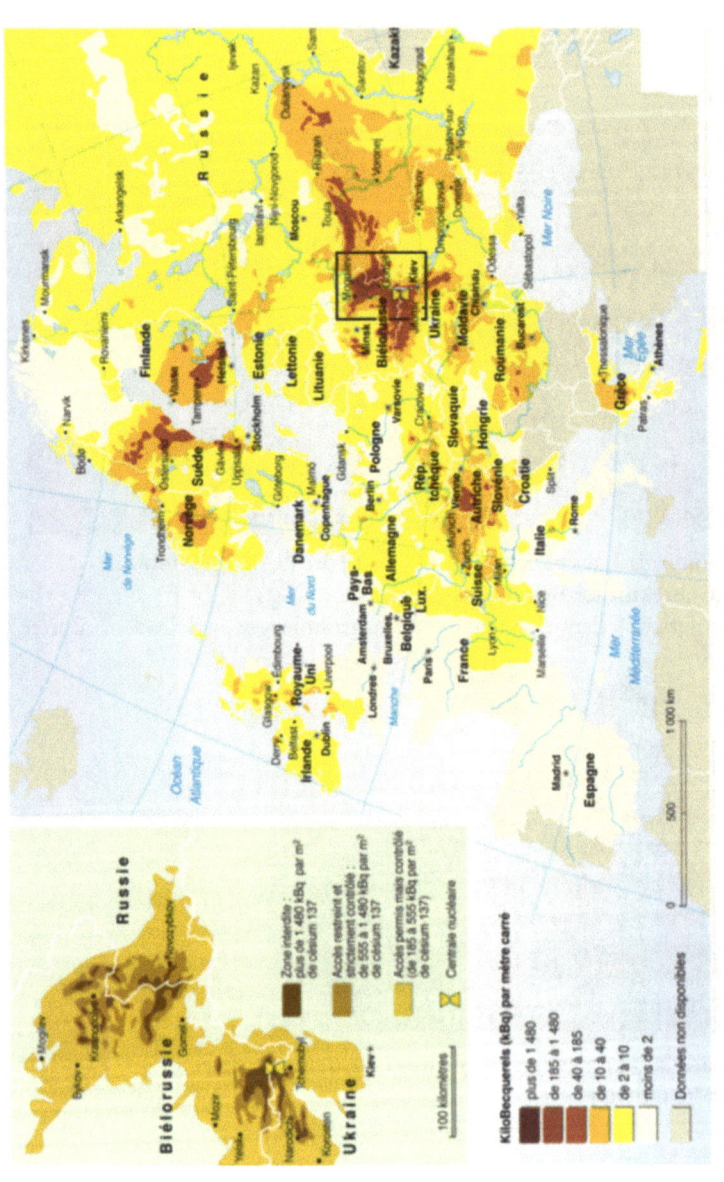

KART OVER KONTAMINERING AV EUROPA GJENNOM TSJERNOBYLULYKKEN
(Takk til le Monde Diplomatique)

Situasjonen i Hviterussland

Hviterussland er området som har mottatt størsteparten av radioaktivt nedfall etter Tsjernobyl-ulykken (70% av radioaktive utslipp fra reaktoren lokalisert i Ukraina, 16 km fra grensen til Hviterussland) Kontamineringen berører en fjerdedel av landets areal og nær 2 millioner mennesker. De kontaminerte områdene er delt inn i 4 nivåer i henhold til mengden radioaktivitet i jordsmonnet. Måten staten håndterer konsekvensene av Tsjernobyl-ulykken (økonomisk hjelp, flyttepolitikken, m.m.) er avhengig av statusen i området det gjelder.

Zones	Kontamineringsnivå* av jordsmonn i Ci/km^2		
	Cs-137	Sr-90	Pu-238, 239, 240
Zone 1 : regelmessig strålekontroll	1 - 5	0,15 – 0,5	0,01 – 0,02
Zone 2 : rett til å flytte	5 - 15	0,5 – 2	0,02 – 0,05
Zone 3 : rett til ny tilvist bolig	15 - 40	2 – 3	0,05 – 0,1
Zone 4 : obligatorisk og umiddelbar flytting	> 40	> 3	> 0,1

Tabell 1 : Definisjon av kontamineringssoner (Hviterussisk lov av 1991)

* 1 Ci/km^2 (1 Curie pr. kvadratkilometer) = 37 000 Bq/m^2

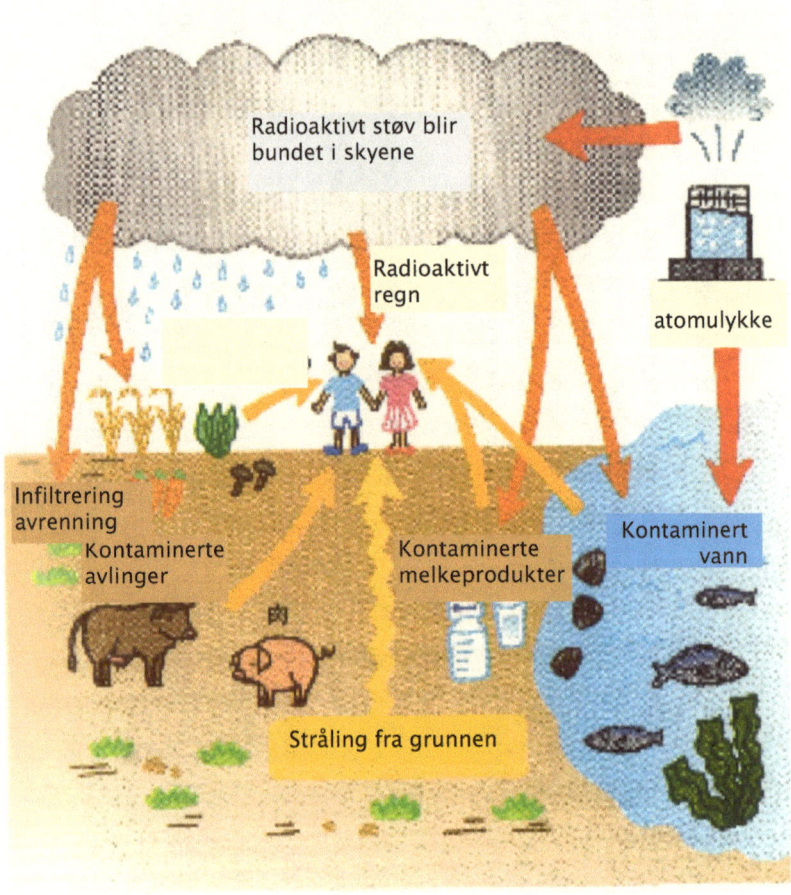

Radioaktivt støv blir bundet i skyene

Radioaktivt regn

atomulykke

Infiltrering avrenning

Kontaminerte avlinger

Kontaminerte melkeprodukter

Kontaminert vann

Stråling fra grunnen

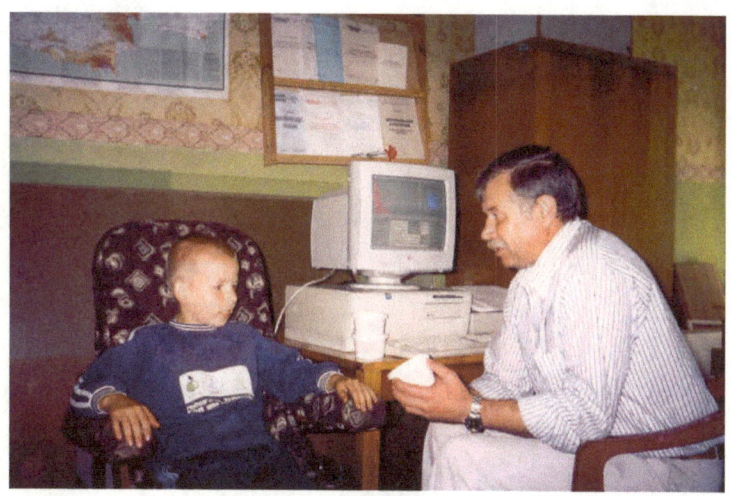

Måling av kroppsstrålingen i barn

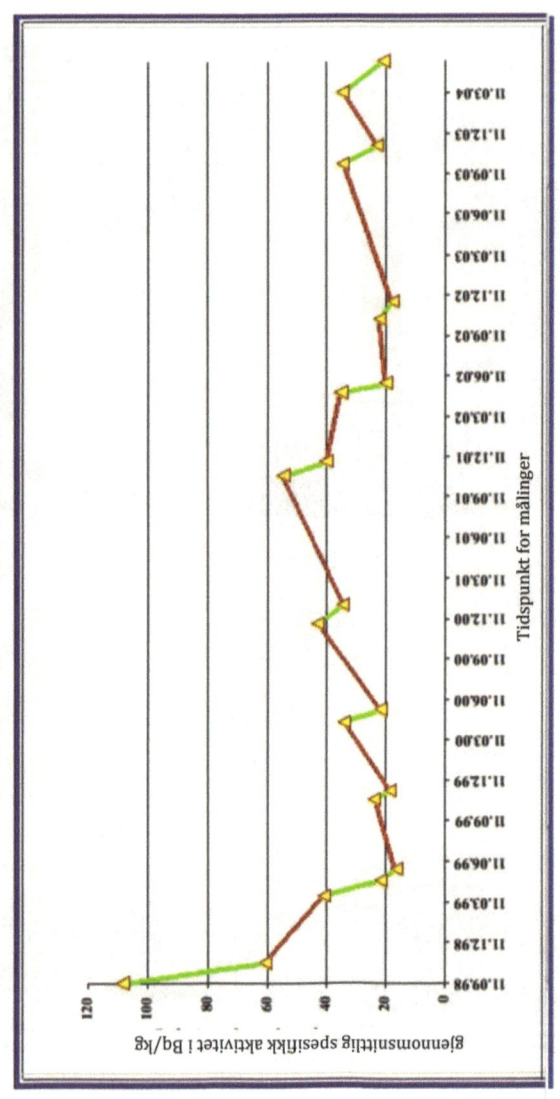

Forløp av gjennomsnittlig spesifikk aktivitet av radionuklidene fra Cs-137 i kroppen til skoleelevene i landsbyen Sivitsa, distrikt Volojine, region Minsk

gjennomsnittlig spesifikk aktivitet i Bq/kg

Tidspunkt for målinger

Grønne linjer viser perioder for pektinkur

Etter atomuykken – Vladimir Babenko

Forløp av radioaktivitets-nivåer i kroppen til V. Ch., født 1995, elev ved Skole nr. 1 i Tschetschersk, Gomel område.

Grafikken viser at Vitapect reddet en jente etter en helsefarlig kontamineringsulykke. En individuell detektor-måling er absolutt nødvendig for å finne menneskene som bør komme fremst i køen av individer som må behandles.

Etter atomuykken – Vladimir Babenko   45

OM Å MÅLE RADIOAKTIVITET I HELE KROPPEN

Hva ligger til grunn for å iverksette slike tiltak? Vi har nettopp gjennomgått hvordan radionuklider entrer menneskekroppen og hvilke effekter de har på organsimen. Derav følger at det er veldig viktig å oppdage så tidlig som mulig hvilke barn og voksne som har oppsamlinger av radionuklider i kroppen som representerer en risiko for deres helse.

Hvorfor begynne med barna? Faktum er at opphopningen av radionuklider i deres kropper skjer mye raskere enn hos de voksne. Ved identisk kosthold, er belastningen to til fire ganger høyere for barn enn for voksne.

En kan kanskje spørre seg hvorfor vi snakker om barn, har ikke 26 år gått siden Tsjernobyl-katastrofen? Det er slik at områdene som er kontaminert av stoffer med lang levetid kommer til å være kontaminerte i lang tid, og kommer til å fortsette å kontaminere alt som vokser, og dermed óg barna som er født lenge etter Tsjernobyl, hvis de drikker kontaminert melk.

Det kan være nok med et måltid for at en person som lenge har levd uten radionuklider i kroppen plutselig framstår som kontaminert. Jo før en oppdager kontamineringen, jo før kan en iverksette tiltak for å framskynde utskillingen av radionuklider fra organismen.

For å måle radioaktiviteten i kroppen, trengs et spesielt måleinstrument kalt spektrometer for menneskelig stråling (Spectrometer of Human Radiation SHR). Noen foreldre frykter at det å måle kontamineringen i deres barn ved hjelp av en SHR kan utgjøre en helserisiko. Vi kan berolige dem: i motsetning til gjennomlysning og røntgenfotografi som utsetter kroppen for Xstråler utgjør måling med SHR ingen som helst fare for mennesket. Spektrometer nøyer seg med å fange opp strålingen avgitt av kroppen.

(*foto side 43: Måling av kroppsstrålingen til barn.*)

SPEKTROMETER FOR MENNESKELIG STRÅLING (SPECTROMETER OF HUMAN RADIATION SHR) OG HVORDAN DET VIRKER

Apparatet ser ut som en lenestol, en diagnostisk stol koblet til en datamaskin. I ryggen til stolen, beskyttet mot omgivelsesstrålingen av en kasse av bly, ligger det et fluoriscerende stoff i kristallinsk form som fungerer som detektor, samt et spesielt spektrometrisk system. Når en ladet partikkel treffer krystallene fremkaller den et lysglimt. La oss anta at personen i stolen har en kropp kontaminert med en viss mengde radioaktive isotoper som avgir gammastråling. I det øyeblikket en radionuklide desintegrerer, avgis det en γ-stråle, som i halvparten av tilfellene vil gå bakover gjennom detektoren og utløse et lysglimt der. Det spektrometriske måleinstrumentet registrerer lysglimtene og overfører informasjonen til datamaskinen. En spesiell programvare behandler informasjonen og viser resultatet på skjermen. En kan anslå antall desintegrasjoner i personens kropp i forhold til antall lysglimt. Hver nuklide desintegrerer med en spesifikk ladning, som tilsvarer en definert lysstyrke i detektoren. Slik kan en differensiere de ulike lysstyrkene som svarer til de ulike radionuklidene som er kilder til γ-strålingen i personens kropp: cesium, kobolt, kalium, mangan.

Hovedforurenseren funnet i befolkningen rammet av stråling etter Tsjernobyl er cesium-137. Det er denne radionukliden som er hovedkilden til den interne, menneskeskapte strålingen, altså fra en kilde utenom naturlig bakgrunnsstråling. Personene som måles ved hjelp av SHR er alltid interesserte i størrelsen av resultatene de får: Er det mye? Er det lite? Hva er de tillatte verdiene?

Vi har sett at enheten som brukes for å måle aktiviteten til en radionuklide svarer til en desintegrasjon pr. sekund, en becquerel (Bq). Det er i becquerel at en måler radioaktiviteten i hele kroppen ved hjelp av SHR. Men for å beregne tillatte verdier baserer den hviterussiske loven seg på begrepet "dose-ekvivalent" målt i mSv/år (millisievert pr. år).

> **For å beskytte folk som lever i kontaminerte områder, er det nok å vite mengden utvendig stråling de har mottatt målt i mSv/år? Eller må en også kjenne til mengden radionuklider kroppen deres inneholder (indre stråling) som måles for hele kroppen og uttrykkes i Bq? Hvilket mål er viktigst?[5]**

---

[5] Dose-ekvivalent angir den biologiske virkningen av en stråledose og måles i sievert (Sv) og er avhengig av stråletypen. Antall sievert = antall gray × Wr. Hvis vi vil vurdere biologiske effekter av stråling som risiko for kreft og genetisk skade er virkningen størst når strålingsenergien avsettes innenfor et lite område. Dette tar en hensyn til ved å innføre en vektfaktor Wr som har fått verdien 1 for røntgen, β - og γ-stråling, mellom 5 og 20 for nøytroner og 20 for α-partikler.

Modellen kan ikke brukes på små volum og variable doser, og er derfor usikker å bruke på indre stråling.

For å verne folket mot stråling er det ikke nok å vite hvilken dose utvendig stråling de er utsatt for. I Hviterussland i dag kommer mer enn 90% av strålingen befolkningen utsettes for fra indre kilder. I 1992, da registrering av stråledosene begynte tok en bare hensyn til kontaminering i melk og poteter, som da ble sett på som de viktigste kildene med hensyn til kontaminering fra næringsmidler. Den totale dosen for mottatt stråling ble beregnet ut fra en serie på 10-15 prøver av disse matvarene. Antall innbyggere varierer veldig landsbyene imellom, fra noen få mennesker til noen hundre og til og med tusener. Begrepet brukt i registeret "felles stråledose" er absolutt ikke korrekt og kan ikke bli brukt for å beskytte en konkret person. For en objektiv vurdering av tilstedeværelse og eventuell mengde av radionuklider i en menneskelig organisme er det nødvendig å screene befolkningen ved hjelp av SHR, Spectrometer of Human Radiation. Bare slik får et individ en objektiv informasjon om nivået av radionuklider akkumulert i kroppen på et gitt tidspunkt. Det er på grunnlag av denne informasjonen at en vil kunne bestemme strålevernmessige tiltak, som for eksempel en legeundersøkelse.

* * *

Er det viktigere å <u>beregne</u> "stråledosen" noen har mottatt i mSv eller å <u>måle</u> mengden av absorberte radionuklider i Bq?

Å beregne en stråledose i mSv har sin tilnærmet vitenskapelige berettigelse i tilfeller der en vil måle styrken av ekstern stråling. Da

---

Enheten for ekvivalent dose Sievert (Sv) inneholder verdivalg og er ikke en fysisk enhet.

er det gammastråler det gjelder. Energien av gammastråler blir delvis absorbert av organismen. Hvert enkelt organ viser en egen sårbarhet for denne påvirkningen, som kan uttrykkes i en "effekt-koeffisient". Samkjøring av alle bidrag til hvert organ og fra hver av de beregnede dosene vil til sammen gi den eksterne dosen i mSv.

Dette konseptet er uegnet for å beskrive skadene som skyldes intern stråling. Slik kan en forklare forskjellen: vi kan varme oss behagelig foran et bål. Men samme varmemengde kunne vi også fått ved å svelge et glødende stykke kull... uten at det var like behagelig. De absorberte radionuklidene oppfører seg som glødende kull: den gir en sterk effekt i umiddelbar nærhet, som avtar med økende avstand til kilden. Det eneste målet som kan gi en forestilling over de mulige effekter av radioaktiv kontaminering er det som gir kroppens egen ladning med radionuklider. Denne vurderingen er mulig etter de grunnleggende studiene av Pr. Youry Bandashevsky og Vassily Nesterenko, og av Dr. Galina Bandashevskaya. Disse har vist at det finnes en kontamineringsterskel på 20 Bq/kg kroppsvekt fra cesium-137. Utover denne ser man en betydelig økning i hjerterytmeforstyrrelser. En mistenker at de andre sykdommene utviklet hos kontaminerte barn opptrer fra og med en tilsvarende kontamineringsterskel.

* * *

Hva er forholdet mellom strålenivået i et kontaminert område og mengden radionuklider i innbyggernes kropper?

Belrad-Instituttet har utført en rapport mellom kontamineringsnivå av cesium i et område og mengden cesium akkumulert i innbyggernes organisme ved å basere seg på måleresultater fra 100 steder i Gomel-regionen. Det ble ikke oppdaget noen sammenheng i det hele tatt mellom disse verdiene. Hvis en antar at verdiene av akkumulert radioaktiv cesium i en kropp er avhengig av kontamineringsverdiene i området rundt, ville en kunne utlede at alle innbyggerne i et gitt område ville vist omtrent samme cesiumverdier. Men slik er det rett og slett ikke. På ett og samme sted kan beboerne ha cesiumverdier i kroppen som varierer i et forhold på 1 til flere titalls og selv hundretall.

Hypotesen av sammenheng mellom områdekontaminering og innholdet av radionuklider i innbyggernes organisme ser bort fra et mangfold av faktorer som kan samles under det etablerte begrepet 'risikofaktorer'. Blant annet:

- kontamineringsnivåene i de ulike økosystemene, de individuelle ulikhetene i menneskenes organismer;

- matjordens partikkelstørrelse og type som igjen bestemmer opptak av radioaktive elementer av både jordsmonn og planter;

- menneskenes bosted (akkumuleringsnivåene er lavere i byer og småbyer enn hos landsbyboere fordi folk i byene ernærer seg først og fremst av matvarer kjøpt i butikker som stammer fra kontrollert landbruk mens folk på landet spiser lokale produkter inkludert det som høstes i skogen);

- den sosiale og økonomiske statusen i familien (som regel finnes den største kontamineringen i kroppen til barn fra store familier, fra underprivilegerte familier eller eneforsørgere);

- omgivelsene rundt bostedet (om det er omringet av skog, myrbeiter og lignende)

- kunnskap og dyktighet til innbyggerne når det gjelder å leve i kontaminert miljø, å dyrke sin grønnsakshage og å tilberede maten på en måte som senker næringsmidlenes radioaktive innhold;

- mulighetene eller manglende sådanne for å tilføre jordene gjødsel, inklusive kalium (om jordsmonnet mangler kalium, er det cesium som tar plassen og kommer inn i menneskekroppen gjennom næringskjeden);

- mengden mat høstet i skogen er ulik fra år til år (i løpet av de siste ti år var 2001, 2004 og 2008 de mest sopprike årene, noe som viste seg i forhøyede cesiumverdier hos innbyggerne)

- offentlige tiltak som forbud mot å plukke bær og sopp i veldig forurensede skoger;

- årstiden for måling (analysen viser at de høyeste stråleverdier faller på oktober-november, som er sopp- og bærsesong; så faller verdiene til april, før en liten økning i mai – knyttet til at melkekyrne slippes ut; i juli faller verdiene på nytt til bær begynner å modnes, så sopp, med høyeste nivåer i oktober-november;

- om det finnes jegere i familien (verdiene av cesium i vilt rundt Gomel overstiger hundrevis av ganger de fastsatte grenseverdiene);

- informasjon til befolkningen gjennom media

- hvor motivert foreldrene er og hvor store tiltak de er villige å iverksette for å sikre best mulig helse for barna sine.

"Dosen" er energien en kropp mottar når den radioaktive kilden befinner seg utenfor kroppen og når en ikke klarer å måle den absorberte mengden presist. For å definere den begynner en med å måle bakgrunnsstrålingen i becquerel (det objektive antallet desintegreringer per sekund målt av apparatet som en så kjører gjennom en beregningsmetode som tar hensyn til ulike mer eller mindre subjektive faktorer (effekt denne typen stråling har på vev, deler av kroppen som er rammet, alder, etc.). Disse faktorene varierer med metodene, som gjør at mSv aldri er seg selv lik. Loven til den hviterussiske republikken har etablert grenseverdien på 1mSv/år. Dette tilsvarer, en "beregnet" dose av intern stråling (etter metoden brukt av helseministeriet), en cesium-137 aktivitet fra 361 til 433 Bq/kg alt etter aldersgruppe.

Vi har altså ulike enheter, alt etter det vi måler:

- Mengde radioaktivitet: Bq - becquerel
- Absorbert energi: J/kg = Gy - gray
- Ekvivalent/effektiv stråledose til mennesker: Sv - sievert

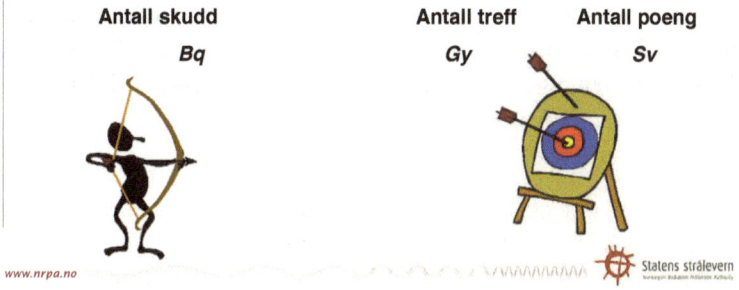

Antall skudd
Bq

Antall treff
Gy

Antall poeng
Sv

www.nrpa.no

Statens strålevern

Belrad-Instituttet gjennomfører sine målinger direkte i becquerel (i og med at strålekilden befinner seg inne i kroppen, er situasjonen ulik den med ekstern stråling, som ikke kan bli målt objektivt) og anbefaler å ikke overstige følgende grenseverdier for cesium-137:

	grenseverdi	Verdi som krever en kur
voksne	200 Bq/kg	70 Bq/kg
barn	70 Bq/kg	20 Bq/kg

Når det gjelder å etablere normer, grenseverdier, etc. er de ansvarlige institusjonene ofte drevet av andre motiver enn samfunnshelse. Økonomiske faktorer, så vel som politiske og sosiale, spiller inn. Motivert av logisk tenkning og sunt folkevett, anbefaler Belrad-Instituttet ett og samme nivå for både barn og voksne: det er null Bq per kg kroppsvekt.

> **Cesium-137 er et element som ikke finnes naturlig i menneskets organisme.** Hvis den dukker opp i kroppen vår, er det fordi den har blitt ført dit gjennom kontaminering av jord og vann, med bakgrunn enten i radioaktivt nedfall (prøvesprengninger, atomkraftulykker i Tsjernobyl eller Fukushima) eller radioaktivt avfall fra atomindustrien som ble nedgravd eller sluppet ut i elver, innsjøer eller hav (forurenset vann fra atomanlegg, etc). All verdi annen en null er unormal.

Uansett hvilken mengde radioaktiv cesium som oppdages i kroppen, er det nødvendig å iverksette tiltak for å motvirke de skadelige effektene. De følgende kapitlene er viet til slike forholdsregler. Vi vil se at de er mangfoldige og at de verken trenger særlige investeringer eller regjeringsbeslutninger. For å iverksette dem er det nok å ville, å være tilstrekkelig organisert, og å inneha en viss grunnleggende kunnskap.

ANDRE DEL: Å SPISE RENT

Å ELIMINERE STRÅLING GJENNOM TILBERED-NING AV MATVARER

En kan redusere innholdet av radionuklider i næringsmidler betraktelig gjennom riktig tilberedning. Imidlertid er det absolutt nødvendig å huske på at de foreslåtte metodene kun kan anvendes når innholdet i radionuklider ikke er større enn to eller tre ganger den anbefalte grenseverdien. Hvis kontamineringen er flere titalls eller hundretalls ganger større enn anbefalt, kan ingen forholdsregler gjøre maten spiselig. Et eksempel: I Gomel-regionen har en sanket sopp, som i tørket tilstand viser en stråling fra Cesium-137 på 32.000 Bq/kg. Det vil si at anbefalt grenseverdi på 2.500 Bq/kg er overskredet 13 ganger. Det er opplagt at ingen behandling kan få disse soppene til å bli ufarlige.

Cesium-137, hovedkilden til matvarekontaminasjon, er vannløselig og binder seg ikke til fett. Det er disse egenskapene som gjør det mulig å trekke det ut av maten.

Behandling av grøde fra kjøkkenhagen

For å forberede grønnsakene for koking, må en begynne med å fjerne partiene hvor hovedparten av radionuklidene har samlet seg, det vil si det som er på overflaten. Når en fjerner de store dekkbladene fra kål, kan deres radioaktive kontaminering bli 40 ganger lavere. Å fjerne de grønne bladene til kålrabi, rødbeter, reddiker, neper, gulrøtter etc. minker deres radioaktive kontaminering 5 til 7 ganger. En vasket potet blir enda to ganger mindre radioaktiv etter å ha blitt skrelt. En gang tresket og separert fra klinten, blir kornet 10 til 15 ganger mindre radioaktivt. Her er altså noen enkle regler som må følges før en spiser rå eller kokte grønnsaker:

- Skylle alt av frukt og grønnsaker med mye vann
- Fjerne 3 eller 4 av de store kålbladene
- Børste vekk jord og skylle godt poteter og rotfrukter
- skjære av 1 til 1,5 cm av toppen på rotgrønnsaker

Konserveringen av grønnsaker og hagefrukt (lactofermentering/ sauerkraut, oppbevaring i eddik, etc.) gjør det mulig å ytterligere minske mengden radioaktive partikler, under forutsetning at lakene og marinadene som grønnsakene har ligget i ikke blir konsumert.

Dette er altså ikke noe hokuspokus. Enhver husmor vasker og skreller grønnsaker. Men hvis en lever i et kontaminert område, må en skylle mye mer nøyaktig.

Behandling av melk

Ved å behandle melken hjemme, i sitt eget kjøkken, får en til å fjerne en stor del av radionuklidene som kontaminerer den: disse forblir løst opp i mysen. Men en må aldri glemme at mysen ikke må brukes. Den er *ikke* egnet for konsum.

Når en separerer melk, får en fløte som er 4 til 6 ganger mindre kontaminert enn det melken var. På samme måten inneholder cottage-cheese vi får ut av kontaminert melk 4 til 6 ganger færre radionuklider, hvitosten 8 til 10 ganger mindre, smør 8 til 10 ganger mindre, og når det kommer til klarnet smør 90 til 100 ganger mindre, det vil si at den nesten ikke inneholder radionuklider lengre.

La oss eksempelvis ta melk som viser en radioaktivitet av 150 Bq/l fra Cesium-137, mens grenseverdien er på 100 Bq/l. Radioaktiviteten i fløten, hvis en separerer den fra mysen, vil ikke være mer enn 25-37 Bq/l. Sagt på en annen måte: den fløten kan gis til barna ved å følge reglene.

Behandling av kjøtt

Radioaktivt Cesium fester seg spesielt til mykt vev i dyr og konsentreres opp spesielt i lever og nyrer, som er filterorganer. Innmat må altså bli kontrollert. Cesium fester seg nesten aldri til bein – dette er det radioaktiv Strontium som gjør, og det er nesten umulig å fjerne det derfra. Det er derfor det ikke er tilrådelig å tilberede buljong fra bein, eller å konsumere slik buljong.

Bacon og fett akkumulerer minimalt med radioaktive elementer. I tillegg, hvis en smelter svinefett, blir 95% av Cesiumet værende i baconet mens smulten er praktisk talt ren. Generelt sett er gris mindre kontaminert enn storfekjøtt eller fjærkre. Til gjengjeld inneholder viltkjøtt vanligvis veldig høye verdier av radionuklider; verdiene målt i vilt kan være titalls og hundretalls høyere enn grenseverdiene. Selv om en behandler viltkjøtt med metodene vi her anbefaler er det lite sannsynlig at vi kan få kjøttet "rent". I Hviterussland gjelder dette spesielt regionen rundt Narovlia, Elsk, Braguine, Khoïniki, Tchetchersk, Vetka, Korma, Leltch. Spesialistene fra Belrad-Instituttet har målt radioaktiviteten i villsvinkjøtt og funnet verdier som overstiger 55.000 Bq/kg, mens grenseverdien er satt til 370Bq/kg for andre næringsmidler. Selv om en får 10 ganger lavere verdier gjennom adekvat behandling, vil resultatet bli kjøtt med 5.5000 Bq/kg, dvs. uegnet som mat.

For å minske radioaktivitet i kjøtt må vi skjære kjøttet i ikke altfor store biter og bløtlegge det i saltvann med 2% salt. Der skal det ligge i minst 12 timer mens en bytter saltløsningen inn i mellom. Jo lengre kjøttet bløtlegges, jo oftere saltvannet byttes jo færre radionuklider vil være igjen i kjøttet. Mesteparten av Cesiumet vil bli fjernet med saltvannet. For at ikke næringsverdien forsvinner ut med saltvannet må vi tilsette litt eddik eller askorbinsyre, som vil bremse for at også proteinene oppløses.

Dessverre blir kjøttet ikke like smakfullt etter en slik behandling, men vi har ikke noe valg. Kanskje er det bedre å stå over visse smaksopplevelser for å beskytte seg mot radioaktivitet.

Hvis en koker kjøttet rundt ti minutter vil omtrent halvparten av radionuklidenen bli oppløst i kraften: denne blir altså uegnet til forbruk og må kastes.

Mat fra skogen: bær og sopp

Mat fra skogen er i den farligste kategorien næringsmidler. Skogbunnen fungerer som et filter som forhindrer at radioaktivt nedfall vandrer dypere ned i grunnen. Størstedelen av radionuklidene blir i jordsmonnets øverste 3-5cm. En finner også store konsentrasjoner av radionuklider i trebark, råttent treverk, mose, lav, bær og sopp.

Blant de minst kontaminerte bær er rognebær (sorbus domestica), bringebær og markjordbær; blant de mest kontaminerte finner vi blåbær, tyttebær, krekling og spesielt molter.

Plukking av ville bær er kun tillat hvis Cesium-137-kontaminasjonen i jordsmonnet ikke overstiger 2 Ci/km2, eller 74.000Bq/m2. Det er da en kan bruke et vanlig dosimeter: den måler på en grei måte områderadioaktiviteten. Hvis den er altfor høy er det sannsynlig at alt som vokser der er kontaminert. Hvis den er svak, kan det plukkes uten risiko.

Med sopp må en være helt spesielt forsiktig. Vi kan dele sopp i 4 grupper etter kontamineringsgrad:

Gruppe I, de farligste. Her finner vi soppene som virkelig akkumulerer radionuklider: svartbrun rørsopp, rødbrun pepperriske, bøkesøtriske, sandsopp, matriske, smørsopp, seig kusopp, rimsopp (Xerocomus badius, Lactarius rufus, Lactarius subdulcis, Boletus variegatus, Lactarius deliciosus, Suillus luteus, Suillus bovinus, Rozites caperata).

Denne typen sopp må ikke bli sanket unntatt fra områder med mindre enn 1 Ci/km2 (=37.000 Bq/m2), og de må underlegges systematisk radioaktivitetskontroll.

Gruppe II, sopp som konsentrerer rikelig med radionuklider: Der finner vi røykkremle, kantarell, skjeggriske, svartriske, riddermusserong, brunskrubb (Russula adusta, Cantharellus cibarius, Lactarius torminosus, Lactarius turpis, Tricholoma flavovirens, Boletus scaber). Disse soppene må ikke sankes hvis de vokser på jordsmonn kontaminert med mer enn 1Ci/km2, og de må kontrolleres systematisk.

Gruppe III, sopp som akkumulerer middels med radioaktivitet: honningsopp, steinsopp, rødskrubb, gråmusserong, kremle (Armillariella mellea, Boletus edulis, Leccinum versipelle, Tricholoma portentosum, Russula). Disse soppene kan plukkes på jorder som ikke overskrider 2 Ci/km2 i en sone med obligatorisk kontroll.

Gruppe IV, sopp som absorberer færre radionuklider: sandmorkel, blå ridderhatt, sjampnjong, røyksopp, vintersopp, østerssopp (Gyromitra esculenta, Lepista nuda, Agaricus, Lycoperdon, Flammulina velutipies, Pleurotus). Likevel må også sopp i denne gruppen kontrolleres på radioaktivitet.

Hvis du har sanket sopp i et område i skogen som viser seg å være sterkt kontaminert – ikke gå tilbake dit på sopptur igjen, fordi soppen kommer til å være uegnet som mat i mange tiår framover. [6]

Tilbereding av sopp

Sopp må tilberedes slik for å minske innholdet av radionuklider:

Soppen bløtlegges i en lake med 2% kjøkkensalt i flere timer. Etter 20 timer i 2% saltvann som var blitt byttet to ganger, var det kun 2.000 Bq/kg igjen i sopp plukket rundt Tchetcherk. I utgangspunkt viste denne soppen en kontaminering på opp til 28.000 Bq/kg.

Videre kan radionuklid-innholdet i sopp minskes ved koking i 15-60 min i saltvann som byttes hvert 15. minutt. Å tilføre en skje eddik eller sitronsyre forsterker overføringen av radionuklider fra sopp til vann. Det er opplagt at soppen etter en slik behandling vil

---

[6] Statens Strålevern, Norge, (*Barents 2033*), oppgir Reddikmusserong Rødbelteslørsopp og Rimsopp til å være høyakkumulatorer. Steinsopp, Skjeggriske, Brunskrubb, Gulrød kremle og Granmatriske klassifiseres som lavakkumulatorer.

ha mistet en del av sin opprinnelige smak – men vi må velge: enten lekker sopp som er helsefarlig, eller kjedelig smak, men ufarlig.

En må vite at soppens hatt er sterkere kontaminert enn stilken; det er derfor anbefalt å fjerne sopphattene.

En må kun bruke ren sopp til tørking, fordi tørking ikke minsker radioaktiviteten, tvert imot – den blir mer konsentrert. Hvis ett kilo fersk sopp inneholder 250 bq/kg fra Cesium, er masseaktiviteten på 250 Bq/kg. Ved å minske massen 10 ganger, vil en fortsatt ha beholdt samme mengden radionuklider fordelt på en ti ganger mindre masse. Den spesifikke masseaktiviteten blir da 2.500 Bq/kg.

La oss understreke en viktig ting: Utarbeidelse av normer og anbefalte grenseverdier blir gjort med utgangspunkt i gjennomsnittlig matinntak. En antar at tørket sopp bare utgjør en bitteliten andel av matinntaket til et gjennomsnittsmenneske, og det er derfor grenseverdien er satt til et såpass høyt nivå som 2.500 Bq/kg. Men kan en sammenligne mengden av sopp spist av en gjennomsnittsbeboer i byen Minsk, Hviterusslands hovedstad, med mengden spist av innbyggerne i skogsområdene rundt Braguine, Elsk eller Narovlia? I uminnelige tider har beboerne i disse regionene tørket sopp til vinteren på tradisjonelt vis, som de så spiser i store mengder. Siden radionuklider akkumulerer i organismen, kan ikke offisielle grenseverdier være gyldige for disse innbyggerne. Det er ikke enkelt å skifte matvaner fra en dag til den neste, men etter 1986 er det dessverre nødvendig. Hver gang du setter en soppret foran et barn, si til deg selv at denne porsjonen kan forkorte barnets liv eller gjøre barnet til et sykt menneske. Din egen og barnas framtid er i stor grad avhengig av dine valg, og om du håndterer ernæringen på en fornuftig måte.

GRUNNLAG FOR BALANSERT ERNÆRING

Vår kropp er i stadig samspill med omgivelsene. Alle signaler vårt sentralnervesystem mottar, kommer fra omgivelsene. Matinntak er en av de avgjørende faktorene i dette samspillet: Næring kommer fra omgivelsene og inn i kroppen der den deltar i alle vitale prosesser. Maten har direkte innvirkning på både sentralnervesystemets og det perifere nervesystemets tilstand, og derigjennom påvirkes hele kroppen.

For at organismen ikke skal absorbere radioaktive isotoper av kjemiske elementer den trenger for å leve og fungere, er det nødvendig at cellene har nok av disse elementenes stabile isotoper til rådighet. Slik er det at mangelen på stabilt jod, som er uunnværlig for at skjoldbruskkjertelen skal fungere, tvinger kroppen til å ta til seg *radioaktivt* jod. Vi ser altså at én måte å beskytte organismen fra radioaktiv forurensning er å ernære seg på en balansert måte, for at kroppen ikke skal mangle noen grunnstoffer.

For å ernære seg på en velbalansert måte, må en vite hvilken rolle de ulike næringsstoffene spiller i organismen vår. Vi må ha en tydelig formening om hvilke behov vi har – avhengig av alder, yrke, klima og sosiale forhold.

Proteiner

Proteiner er grunnleggende elementer for liv og celler: enhver levende celle, alle vev i organismen, består for det meste av proteiner. For at kroppens vev skal leve, vokse og fornye seg, for at nye celler skal bli dannet, er en kontinuerlig tilførsel av proteiner nødvendig.

Blant de ulike proteiner som inngår i næringsmidlenes sammensetning, finnes det mer og mindre viktige. Noen er gjennom sin kjemiske sammensetning veldig lik kroppens egne proteiner, og inneholder alle nødvendige elementer (aminosyrene) for å lage disse. Andre er bygget opp på en måte som er mer fjern for menneskekroppen, og de er altså mindre verdifulle.

La oss framheve proteiner med stor næringsverdi som de vi finner i fisk, kjøtt, melk, egg og i visse grønnsaker: kålvekster, poteter og belgfrukter (erter, bønner, brekkbønner, etc.)

Når det gjelder proteiner i korn er de mest næringsrike sortene havre, ris og bokhvete. Hirse, bygg og hvete inneholder mye mindre næringsrike proteiner.

Fett og karbohydrater

Fett og karbohydrater er våre hovedenergikilder og definerer kaloriverdien i næringsmidler. I tillegg har de en beskyttende rolle for proteinene, fordi hvis det finnes nok fett og karbohydrater i organismen, nedbrytes proteinene i mindre grad.

Fett (= lipider) kan bli lagret i menneskekroppen, ikke bare hvis de finnes rikelig i konsumerte matvarer, men også når maten inneholder en stor andel karbohydrater. Inntil nylig ble animalske fettarter ansett som de mest nyttige, siden de inneholder en større en del av lipovitaminer enn plantefett. Imidlertid har nyere forskning vist at fler-umettede fettsyrer som vi i større grad finner i plantefett, også er livsnødvendige.

Det mest fornuftige er altså å ha ulike fettarter på menyen. Planteoljer må være del av ernæringen for små barn, skolebarn og for voksne. Planteoljer er dessuten gunstige for eldre og for personer som lider av hjertekarsykdommer.

Vegetabilske produkter, korn og frokostblandinger, frukt og grønnsaker, er spesielt rike på karbohydrater. Når det kommer til animalske produkter, så inneholder melk en viss mengde karbohydrater (i form av laktose). Karbohydratene kan finnes i næringsmidler i form av stivelse eller ulike sukkerarter som alle tas veldig lett opp i menneskekroppen.

Når en fort må tilføre karbohydrater ved plutselig hjertesvikt, ved utmattelse eller insulinsjokk, tilfører en sukker i form av glukose som en injiserer direkte i blodet ved hjelp av en intravenøs infusjon. I normaltilstand tilføres kroppen det meste av karbohydrater den trenger i form av stivelse og bare en liten del som sukker.

I tillegg til proteiner, fett og karbohydrater tilfører vi kroppen vitaminer og mineralsalter gjennom ernæringen.

Vitaminer

Noen vitaminer er vannløselige, som B-og C-vitaminer, andre er fettløslige.

Vitaminene er like uunnværlige for kroppen som alle de andre stoffene menneskekroppen bygges opp av. Hvis et stoff mangler kan det føre til funksjonsforstyrrelser i ulike organer eller i hele organismen. Vitaminenes rolle er ekstremt kompleks. Alle vitaminer er avhengig av hverandre. At én mangler kan føre til at kroppen heller ikke kan nyttiggjøre seg andre.

C-vitaminer eller askorbinsyre er nødvendig for vekst i unge organismer, den øker utholdenheten og motstandskraften mot infeksjonssykdommer og ytre påkjenninger (kulde, varme, høyt og lavt lufttrykk, m.m.). Mangel på C-vitaminer manifesterer seg gjennom tretthet, søvnighet, svimmelhet, irritabilitet og en tydelig nedsatt arbeidsevne.

C-vitaminer finnes i frukt, bær, ferske grønnsaker, fremfor alt kål og kålrabiplanter, reddiker, sjalottløk, spinat, salater, persille og syre (lat. *Rumex*). Blant frukt med høyest C-vitamininnhold finner vi sitroner, appelsiner, mandariner og sure epler, og blant bærfruktene solbær, rips jordbær, morbær og molter.

C-vitamin brytes fort ned ved koking; den er utsatt ved høye temperaturer og påvirkning fra oksygen og luft. For at den skal beholde alle sine gode egenskaper anbefales det følgende regler:

1) Ved koking, legg grønnsakene i kokende vann; pass at temperaturen ikke faller under kokepunktet, men det må heller ikke koke for hardt; ikke la de koke lenge, og ikke la grønnsakene stå på varm plate eller i varmt rom etter at de er ferdig tilberedt.

2) Bruk ikke kutter eller sil i metall for å lage pureer eller finhakke kjøtt; bruk stamper eller skje i tre.

3) Bruk skrelte eller kokte grønnsaker med det samme de er tilberedt

4) Spis supper og grønnsaker straks etter at de er kokt.

Blant B-vitaminene er de best utforskede vitamin B1 (tiamin), PP (nikotinsyre) og B2 (riboflavin). Mangel på en av disse i kroppen vår kan gi plager både for blod- og nervesystemet. Bvitaminmangel forstyrrer normal aktivitet i muskelfunksjon og fordøyelsessystemet. B1 er vannløselig og tåler oksidering og varme. B1 finnes i gjær, rugbrød, og fullkornbrød; dessuten i kjøtt, melk, stivelse, nøtter og grønne grønnsaker.

PP vitaminer beskytter organismen mot pellagra, dvs. alvorlig vitaminmangel som påvirker huden, fordøyelsesorganene og nervesystemet. En finner PP i gjær, mørkt brød, lever, kjøtt, fisk, melk, kålvekster og tomater.

B2 vitaminer har en avgjørende rolle for at fordøyelsessystemet skal fungere, og - lik A-vitaminer, - for synet. De finnes i de samme matvarer som PP-vitaminer.

B6-vitaminer (pyridoxin) er viktig for stoffskiftet, nærmere bestemt forbrenningen av proteiner. Folsyre og B12-vitaminer er viktige for organene og brukes for å behandle anemi (blodmangel). Det er lever som er hovedkilden for B6, B12 og folsyre.

A-vitaminer er del av lipovitaminene (fettløselige vitaminer). De har en avgjørende betydning mens organismen vokser fordi de bidrar til utviklingen av skjelettet. A-vitaminer beskytter slimhinnene i luftveiene og fordøyelsessystemet. A-vitaminmangel påvirker synet. Vi finner A-vitaminer i smør, helmelk, eggeplomme og lever – fremfor alt i fiskelever/ tran.

Gulrøtter, spinat, salater inneholder mye karoten, som omdannes til vitamin A i kroppen vår.

D-vitaminer er avgjørende for barn, men også for voksne, spesielt for alle som ikke får nok sol.

E-vitaminer er de som trengs til celledeling. De finnes veldig spredt i naturen, i animalske produkter og også i mange planter.

Mineraler

Forskjellige mineralske stoffer spiller en rolle i oppbyggingen av menneskekroppen. De har hver sin funksjon i stoffskiftet og påvirker utviklingen av de ulike systemer og organer. Kalsium, magnesium og fosfor danner grunnlaget for knokler og ben. Jern, som er en av bestanddelene til hemoglobin, trengs for å transportere oksygen til vev og organer. Til slutt: natrium og kalium er vannregulerende og bidrar til å holde kroppens syrebasebalanse i likevekt.

Vann

Vann er kroppens hovedbestanddel. Alle komplekse prosesser i menneskekroppens foregår i fuktige omgivelser. Når vi utsettes for stråling blir vannmolekylene i kroppen ionisert, dvs. ustabile. Det dannes frie radikaler og deretter stoffer med sterk oksideringsevne. Disse reagerer med proteiner, enzymer og andre biologiske elementer i vev og endrer de biokjemiske prosessene i kroppen. Resultatet er brudd på stoffskifteprosesser og reduksjon av enzymaktiviteten; veksten av vev blir bremset og det dannes nye forbindelser som ikke er naturlige for organismen - giftstoffer. Dette fører til redusert funksjonsevne for kroppssystemene som helhet. Direkte eksponering for ioniserende stråling fører i mange tilfeller til en kløyving av proteinmolekyler, med bl.a. svekkede bindinger. En påvirkning av de primære prosessene i en organisme vil på lengre sikt føre til at de biologiske lovene (arveegenskapene) for en levende organisme endres. Mest følsomme for virkningen av ioniserende stråling er cellene i benmargen, gonader[7], milt og andre vev og organer der cellene fornyer seg hyppig. Det er den langvarige, <u>konstante</u> påvirkning fra radionuklidenes stråling inne i selve kroppen som skader kroppens funksjonsevne.

---

[7] (de primære kjønnsorganene som danner, utvikler og lagrer kjønnsceller)

TREDJE DEL: LIVET FORTSETTER

PRODUKTER BASERT PÅ PEKTIN

Den menneskelige organismen skiller ut radionuklider gjennom nyrene, leveren og mage- tarmkanalen, akkurat som den gjør med andre skadelige stoffer. Hvis man ikke framskynder denne prosessen med egnede midler, vil det å skille ut halvparten av det absorberte Cesium-137 ta 90 til 150 dager for en voksen, og avhengig av alder, 15 til 75 dager for et barn. I kontaminerte omgivelser, selv om de er innenfor "normene", vil innbyggerne kontinuerlig bli utsatt for påvirkningen av at deres organisme er radioaktivt kontaminert. Mens de absorberte radionuklidene blir skilt ut, kommer nye til og summerer seg til de resterende.

For å minske de skadelige virkningene av kontaminering, er det nødvendig å hjelpe kroppen med å skille ut radionuklider raskere. Til dette brukes produkter basert på pektin. Vi vil understreke at disse pektinprodukter ikke er medikamenter – det er kosttilskudd som kun består av naturlige ingredienser. Hovedbestanddelen er pektin. Dette stoffet finnes i frukt og grønnsaker. Det er sitrusplantene – sitroner, appelsiner, mandariner - som inneholder mest. Med det finnes også mye pektin i epler og rødbeter. Pektin dannes av store molekyler som har evnen til å binde og dermed ta med seg helseskadelige stoffer ut av menneskekroppen.

Instituttet for kliniske undersøkelser i radiologisk medisin og endokrinologi (læren om hormonproduserende kjertler og hormoner) har utarbeidet følgende skjema for inntak av pektinprodukter:

Voksne	1-2 teskjeer 2-3 ganger daglig oppløst i et glass vann, te, kompott, jus eller annen drikke.
Barn	1 teskje 2 ganger daglig

Varigheten av en slik rehabiliteringskur er 3 uker to ganger årlig, i veldig kontaminerte områder 3-4 ganger årlig.

I sitt praktiske arbeid med befolkningen i kontaminerte områder bruker Belrad-Instituttet et produkt det har utviklet selv: Vitapekt - et kosttilskudd basert på eplepektin, tilgjengelig i form av en vitamindrikk eller piller. Produktet er sertifisert av de statlige helsemyndighetene i Den hviterussiske republikk og Belrad har tillatelse til å produsere, bruke og selge Vitapekt-produktet.

Vitapekt består av eplepulver som er anriket med pektin og vitaminene B2, B6, B12, C, E og beta–karoten, folsyre, sporstoffer (Kalium, Selen, Zink), laktose, og sitronsyre i mengder i henhold til anbefalinger fra medisinske institusjoner. Den inneholder verken konserveringsmiddel eller kunstige fargestoffer.

For å framskynde utskillelsen av radionuklider brukes også produktet Belosorb II i Hviterussland. Det er et absorbsjonsmiddel i pulverform (aktivt kull) som ikke inneholder mer enn 3 % mineralske urenheter.

I Dniepropetrovsk (Ukraina) produseres produktet Yablopekt. Det er pektinpiller laget av eplepektin som også inneholder sitronsyre, natron (bakepulver), søtningsmiddel og vitaminene C, E, B1, B2 og beta-karoten.

I tillegg brukes i Hviterussland produktet Medetopec fra det fransk-tyske selskapet Sanofy. Det lages med utgangspunkt i plantefibre og produktene Spirulina, Fito-Splat, Spiro-Fit, produsert av alger og levert av ulike utenlandske firmaer.

Hvert av disse produktene har sine fordeler og ulemper. Yablopekt, for eksempel, inneholder natriumbicarbonat som ikke er anbefalt å innta daglig en hel måned lang (så lenge kuren varer). Fordelen med Yablopekt er innholdet av pektin og vitaminer. Belosorb II basert på aktivt kull fremmer utskillelsen av radionuklider på en god måte, men eliminerer i samme omgang livsnødvendige sporelementer, deriblant selen; den kan altså bare brukes i begrensede mengder (noen knivsodder). Vitapekt har flere fordeler: den består av eplepektin og inneholder vitaminer og sporelementer, deriblant selen.

Siden 1996 gjennomfører Belrad-Instituttet radiologisk overvåking av barn som lever i områder kontaminert av Tsjernobyl. Forebyggende bruk av pektinprodukter er en integrert del av Belrad-Instituttets arbeid. Profylaktisk pektinbruk har som mål å hjelpe barnekroppene å kvitte seg så raskt som mulig med farlige radionuklider for å minske den interne stråleforurensning. Det er Vitapekt som er brukt som absorbent. Det deles ut gratis, men det betyr ikke, at det ikke koster noe å produsere det. Ulike veldedige stiftelser bruker mye penger på å gi barna mulighet til å ta kurer med Vitapekt. Derfor er det viktig å være seg bevisst hvor alvorlig situasjonen er, og alltid huske på, for det første, at dette produktet hjelper å fjerne kontamineringen i barnekroppene på en effektiv måte. For det andre, husk at det er mennesker som bruker mye penger av egen lomme for å gi andres barn mulighet til å følge ku rene. Belrad-Instituttets mangeårige arbeid har bevist hvor effektivt produktet er. Man kan fjerne opp til 90 % av radionuklider gjennom en kur på 3-4 uker.

Effektiviteten av en slik kur er avhengig av mange faktorer. Hvis produktet blir inntatt på skolen eller i barnehagen under oppsikt av helsearbeidere eller lærere, er effekten relativt stor. På noen skoler deles produktet bare ut til barna, uten videre oppfølging, særlig til de største. Da skjer det at barna glemmer å ta det eller nekter, og sier at de ikke liker smaken. I disse tilfeller observeres ingen nedgang i deres kontaminering. Maksimal effekt får en når Vitapect blir brukt i sanatorier eller i rehabiliterings-sentre, under den oppmerksomme overvåkingen av leger, og når barna utelukkende ernærer seg av "ren" mat. Ikke alle barn liker smaken av Vitapect, men en må forklare dem, at medikamenter ikke alltid smaker godt, men at vi, for eksempel, bruker aspirin for å bli kvitt hodepine, selv om det er bittert. På samme måte er Vitapekt til for å hjelpe, som et medikament, og en må ta det, selv om en ikke liker det. Hvis ditt barn får utdelt Vitapekt, pass på at barnet tar det regelmessig. Du kan selv forvisse deg om effekten. Vanligvis blir det gjennomført en måling av radionuklider i hele kroppen ved hjelp av spektrometeret for menneskelig stråling både før kuren og etter at den er avsluttet. Foreldrene kan få resultatene av disse målingene på skolene til barna sine. Hvis Belrad-Instituttet har utført målinger av barnekropper ved en skole, er skolen forpliktet til å opplyse om resultatene.

(Eksempel fra Sivitsa Skole, i Minsk regionen, s. 42)

(Nedgang av radioaktivitet i en jente på 9 år, s. 43)

Å STELLE SIN GRØNNSAKSHAGE I ET FORURENSET OMRÅDE

Naturen gjør tingene sine bra: en plante henter det den trenger for å vokse nede i jorda, og den velger det beste; men hvis den ikke finner stoffet den trenger, tar den det stoffet som ligner mest og ligger nærmest.

Gjennom sine kjemiske egenskaper nærmer Cesium-137 seg kalium. I radioaktive omgivelser vil en plante som mangler kalium, erstatte dette med radioaktivt Cesium. Cesiumet okkuperer en ledig nisje og blir tatt opp av planten.

På samme måte vil Strontium-90, som kjemisk sett ligner på kalsium, bli absorbert av en plante som mangler kalsium.

Denne egenskapen ligger til grunn for logikken bak midler og metoder som må brukes i landbruk og hagestell. Generelt sett vil en kunne få lite kontaminerte produkter på jorder som behandles på riktig måte. Allikevel vil du ikke slippe å følge de nedenfor presenterte oppfordringene, for å garantere at kontamineringen ikke vil finnes igjen i maten din. Gjødsling av jorda med organisk gjødsel og mineralgjødsel, samt kalk hvis den er sur, er altså livsviktig.

Slik skal kjøkkenhagen gjødsles:

• tilfør Dolomit kalk hvert 4.-5. år med ca 40-50kg pr. 100m2.

• tilfør kunst-/ hagefullgjødsel hvert år
- 40 g/ m2 for grønne grønnsaker, gresskar, squash
- 60 g/m2 for kålplanter
- 90 g/m2 for agurker

- 100 g/m2 (eller 60 g Nitrogen) for rotgrønnsaker
- 50 g/m2 for løk, reddiker og hvitløk

• 70 g kunstgjødsel eller 50 g Nitrogen per bøtte med kompost i grøfter og plantehull for tomater

• 1,0 - 1,5 kg karbamid (urinstoff), 2-3 kg superfosfat, 2-3 kg kaliumklorid/ 100m2 for poteter

• I tillegg trengs å tilføre 500-600 kg/ 100m2 organisk gjødsel (husdyrgjødsel, kompostjord, kompost, torv)

Det er sterkt advart mot å bruke aske fra brenning av ved fra områder med mer enn 5 Ci/ km2 (185 000 Bq/ m2) fra Cesium-137. Asken utgjør et slags konsentrat av skogens radioaktivitet. Hvis en for eksempel brenner en kubikkmeter med kontaminerte vedskier vil en sitte igjen med noen håndfuller aske som inneholder bortimot samme mengde radionuklider som den opprinnelige vedstabelen. Den spesifikke radioaktiviteten i asken vil være hundrevis av ganger større enn den var i veden. I kontaminerte områder er det altså vesentlig å grave ned asken på et sted som er tilrettelagt for det, i ca. 1 m dype hull med bunnen tettet ved hjelp av en plastduk.

Overføring av radioaktive substanser fra grunn til planter er også avhengig av jordsmonnets beskaffenhet. Den er liten i siltig leirejord og stiger i retning leiresand og sandjord. Overføringen er størst i torvjord.

Konsentrasjonen av radioaktive stoffer varier i henhold til hvilke sorter som dyrkes. Her en liste over dyrkede arter satt opp i stigende rekkefølge etter deres evne til å konsentrere de radioaktive isotoper av Cesium: byggkorn - rugkorn – rughalm – poteter –

havrekorn, halm av vinterrug, ferskt fôr av gress-sorter og belg-frukter, fôrneper – ferskt fôr av mais – hvetestrå, grønnfôr av erter, grønnfôr av raps – kløver – fôr av flerårige kornavlinger – lupiner – planter fra enger og naturlige beiter.

Grønnsaker rangeres i stigende rekkefølge etter konsentrasjon av radioaktive stoffer som følger: kål – agurker – squash – tomater – løk – paprika – hvitløk – potet – rødbeter – gulrøtter – radiser – erter – bønner – brekkbønner – sorrel/ engsyre (Rumex acetosa).

Blant bær og frukt er det jordbær, hvit rips, bringebær, epler, pærer, moreller, plommer og kirsebær som konsentrerer lite stråling; røde rips, solbær og stikkelsbær konsentrerer mer.

For å minimere overføring av radionuklider fra jorda til hage-planter må en altså velge det en vil plante med omhu.

Etter atomuykken - Vladimir Babenko

OPPSUMMERING

La oss oppsummere: vi har sett hva som skjedde i året 1986, som ligger langt tilbake i tid nå, hva radioaktivitet er, hvordan den påvirker menneskelig helse, hvordan unngå å få den i seg, hvordan leve i kontaminerte omgivelser, hvordan beskytte sine barn fra dens dødelige virkninger.

La oss prøve å formulere de få reglene som vil hjelpe oss å oppdra barna våre med god helse – uten å glemme oss selv.

Det er en kjensgjerning vi ikke kan benekte: det har virkelig skjedd en katastrofe ved atomkraftverket Tsjernobyl som har hatt en enorm innvirkning på vår levemåte, med samme konsekvenser som katastrofen i atomkraftverket Fukushima vil få for japanerne. Det er et faktum vi ikke kan se bort ifra. Men det er også et annet unektelig faktum: vi er i stor grad i stand å begrense effektene fra radioaktivitet på vår helse. Som vi har sett, krever det å beskytte seg mot denne radioaktiviteten ofte verken store utgifter, eller beslutninger og forskrifter fra regjeringen. Vi må forstå at vi kun har oss selv å stole på. Vi må bli kvitt den ulykkelige offerrollen og slutte å vente på at en "onkel-fra-Amerika" skal komme for å løse alle våre problemer. Veldedige organisasjoner fra hele verden gir uvurderlig hjelp til hviterussiske barn, men det vesentlige er allikevel avhengig av oss selv.

1. Alt i våre omgivelser og menneskene selv må gjennomgå radiologisk kontroll. Først og fremst må kontamineringen i matvarene kontrolleres. Du må benytte enhver anledning som byr seg for å kontrollere innholdet av radionuklider i melk, sopp, bær og andre produkter du drikker og spiser.

2. Matvarer som har et innhold av radionuklider som overstiger grenseverdiene er uegnet som føde. De må ikke spises.

3. Du må fjerne sopp og vilt fra barnas kosthold. Radionuklidene de får i seg ved å spise disse produkter vil skade barna mye mer enn de fordelene de måtte kunne dra ut av slik mat.

4. Vit at riktig (kulinarisk og teknologisk) tilberedning av matvarene kan senke deres stråleverdi betydelig. Dette krever selvfølgelig tid, men ikke bry deg om det: det er til ditt eget beste og for dine barns skyld. Du kommer til å bruke mer tid på kjøkkenet, men til gjengjeld, hvis gud vil, vil du kunne leve lengre.

5. Følg metodene for jordforbedring og gjødsling som vi her anbefaler for grønnsakshagen, hvis den befinner seg i kontaminert område. De er ikke kompliserte, men veldig effektive.

6. Hver innbygger i kontaminert sone etter Tsjernobyl må få en obligatorisk måling av ansamlingen av radionuklider i hele kroppen minst to ganger årlig. Hvis ekspertene fra Belrad-Instituttet kommer til ditt tettsted, ikke la anledningen gå fra deg til å måle din og dine barns kontaminering. Følg anbefalingene du vil få i forbindelse med målingen.

7. Rådfør deg med legene i din region for å vite hvilke produkter dere kan bruke for å minske innholdet av radionuklider i kroppen.

8. Hvis dine barn har fått utdelt pektinprodukter på skolen, vær nøye med å passe på at de blir tatt regelmessig. Forklar til barna, at det er absolutt nødvendig at de tar pektinproduktene regelmessig for at de skal vokse bra, holde seg friske og bli til kraftige voksne

mennesker i stand til å danne en familie og gi deg friske barnebarn.

Vi hører ar det ofte blir sagt rundt oss: *"Jeg kommer ikke til å gå for å bli målt. Jo mindre du vet, jo bedre sover du..."* Det er mulig du sover bedre, men dessverre risikerer du å ikke sove lenge... Å vite er forutsetningen for å beskytte seg. Hvis du er informert, hvis du kjenner risikoen, hvis du vet hva du må gjøre, kan du klare å forebygge en rekke av uheldige følger.

Den gjengse påstanden, at det nå er lenge siden radioaktiviteten har forsvunnet, og at man ikke skal tenke på det, er dessverre falsk. Strålingen er fortsatt tilstede, den kommer til å være her lenge, og vi må for all del ikke undervurdere den.

I kontaminerte områder hører vi også ofte påstanden at sterk alkohol (vodka) eliminerer radioaktivitet. Det som er sikkert er at alkohol eliminerer små grå hjerneceller og påvirker lever og hjerte. Enhver vet at overdrevent alkoholkonsum er usunt. Hvis du så legger til effektene av radioaktiviteten, får du en fin cocktail! Hvorfor skynde seg frivillig og med så stor overbevisning mot graven?

Vi blir ofte spurt om barna har noen som helst nytte av feriene de tilbringer i hviterussiske sanatorier eller i utlandet. Uten tvil. Belrad arbeider ofte i sanatorier og forebyggende anstalter. Det at de får utdelt "ren" mat, at barnas helse blir overvåket, at de kan følge de mest moderne kurene kan bare gjøre dem godt. Vi har observert at et opphold i sanatoriet "Sølvkildene" i Svetlogorsk-distriktet ikke bare gjør det mulig å senke barnas radioaktive kontaminering, men fører også til en tilbakegang i andre sykdommer: i tillegg får barna med seg en del nyttig kunnskap om økologi. Det samme gjelder for andre forebyggende etablissementer i Hviterussland – barnesanatoriet i Otrochitski Gorodok eller helsesentrene Jdanovitchi og Ozerny.

Utenlandsopphold er også velgjørende, fordi barna opplever ikke-kontaminerte, "rene" omgivelser, der de spiser rent og puster ren luft. Men en må følge med for å unngå beklagelige misbruk: vi har fått rapportert flere tilfeller, der foreldre har matet barna med forurensede produkter i den hensikt å få sendt dem til et utenlandsopphold. Det er en helt ufattelig uforsiktighet! Hvem kan redde et barn hvis det samler opp radionuklider ikke bare på grunn av sine omgivelser, men i tillegg på grunn av sine egne foreldres ugjerninger!

KONKLUSJON - ETTERORD

Originalen til denne teksten, tiltenkt familier og lærere i Hviterussiske skoler, avslutter med en inderlig appell om å forbli samlet og velorganisert stilt overfor den uendelige trusselen fra radioaktivt nedfall som dekker mer enn en fjerdedel av landet. Dette nedfallet blir spredt over større og større arealer, gjennom avrenning, vind og branner. Mens radioaktiviteten minker etter hvert som den blir halvert hvert trettiende år, blir situasjonen mer og mer kompleks.

Boken poengterer viktigheten av å overføre informasjon og den uunnværlige rollen en organisasjon som Belrad-Instituttet spiller, som innehaver av unik kunnskap og garantist for at den blir videreført til nye generasjoner. Belrad er dreieskiven for uavhengig kunnskap i landet - uavhengig av enhver politisk eller økonomisk agenda, ikke underlagt myndighetenes vilkår som ønsker å glemme Tsjernobyl. Men uavhengighet fører altså til pengemangel. Fordi landet er fattig - fattiggjort av stråleforurensing – er det begrensninger på landbruksaktiviteter og investorer er redde. Befolkningen i de fattigste regionene er ikke i stand til å finansiere sitt eget strålevern. Boka nevner tyske, engelske, østerrikske og en irsk organisasjon som har bidratt til å redde instituttet i begynnelsen på 1990-tallet.

Foreningen *Barn av Tsjernobyl Hviterussland* har opprettet et likeverdig forhold til sine hviterussiske partnere: det er en vinn-vinn situasjon. Det er på ingen måte "humanitær hjelp", fordi vi trenger å lære av de reelle konsekvensene av en slik stråleulykke når det gjelder miljø og folkehelse. Samarbeidet med Belrad finner sted gjennom formelle økonomiske avtaler med rammer over ett eller flere år som dekker strålevern-kampanjer for et visst antall tusen barn i definerte områder, med opplisting av de aktuelle landsbyene. Til gjengjeld sender Belrad månedlige aktivitetsrapporter og kompletterer uavbrutt databasen over registreringer, samlet i "Atlas over stråleforurensing i landets kropper". Mer enn 430.000 målinger er klassifisert og utgjør slik et vitenskapelig grunnlagsmateriale uten sidestykke. Belrad's investeringer, eller de til *Laboratoriet for genetisk sikkerhet*, følger samme finansieringsmåte: betaling på forespørsel eller pro forma faktura.

La oss tenke at en alvorlig ulykke finner sted i Vest-Europa, og at vårt land blir rammet, som det var tilfelle med Hviterussland, Ukraina og Sørøst-Russland. La oss tenke at det historiske mirakelet som ligger til grunn for Belrad-Instituttets arbeide og de gjentatte små miraklene som sikrer midlene til å holde det flytende og til å gjennomføre arbeidet – IKKE fant sted, eller at de tok slutt. Det ville ført til at det kun ble stående igjen ett eneste budskap - det fra de offisielle nasjonale og internasjonale myndighetene for helse og strålesikkerhet: de forkynner at resultatet av Tsjernobylkatastrofen var 50 døde og noen tusen tilfeller av skjoldbruskkjertelkreft – "kurerbare eller unngåelige". Det folk klager over ellers har visst ingenting med stråling å gjøre, men dreier seg fremfor alt om angsten for stråling: radiofobi, (en sykdom oppfunnet der og da på slutten av 1988 for å forklare eksplosjonen i antall somatiske sykdommer blant beboerne i de kontaminerte områdene); selvfølgelig fornektes "radiofobi" av alle som motsier de offisielle rapportene! Det er altså desinformasjon som ville blitt spredt over hele verden, uten noen som helst motforestillinger.

Landet vårt ville altså leve i samme helsemessige tragedie som den som har rammet disse tre Sovjetrepublikkene siden slutten på

80-tallet. Og myndighetene, som Verdens Helseorganisasjon og den japanske forvaltningen etter Fukushima, ville tatt ledelsen ved å psykologisere i en jafs alle sykdommer som oppsto – utenom kreft i skjoldbruskkjertelen, den eneste sykdommen som i deres øyne kan sies å være utløst av stråling ...

Men vitenskapelige arbeider og observasjonene på stedet, i befolkningen som ble rammet av Tsjernobyl, viser at den eneste stråledosen som er fullstendig uskadelig – er null stråling. Erfaringen viser at det er et nivå som det ikke er mulig å oppnå. Erfaringen viser også at motivasjonen til å være forsiktig med stor sannsynlighet blir tynnslitt i årenes og tiårenes løp. Den generelle nedbryting av folkehelsen, fremfor alt av de unge, får da et skjær av fatalisme blandet med en altoverskyggende følelse av avmakt. Midlene Belrad har til disposisjon tillater bare å behandle noen få prosent av problemet – og dette på en vel overfladisk måte, ved å komme på visitt kun to ganger hvert år der en burde vært fire eller åtte ganger! På tross av store anstrengelser for å forebygge, og all informasjon og opplæring som blir gitt, minner hver tiltakskampanje om at det er nærmest umulig at foreldre og barn alltid skal klare å unngå å ta til seg kontaminerte næringsmidler.

Det er lett å tro at Japan er bedre rustet og forberedt på å takle konsekvensene av Fukushima enn Sovjetunionen var i 1986. Det er fullstendig feil. Sovjetunionen hadde forberedt seg på atomkrigen, som USAs president Reagan truet med. Det var definert og opplest hvordan rutinene skulle være i forhold til strålingsnivåene en ventet på slagmarken. Så viste Tsjernobyl-krigen seg å være en blitzkrig, avsluttet med bygging av et betonglokk (containment) tidlig på høsten 1986! Men dette var bare ett slag. Fienden hadde okkupert utstrakte områder langt fra slagmarken rundt selve kraftverket.

Det er i tillegg lett å tro at Japan gjennom sin rikdom er satt i en gunstigere stilling for å takle den andre fasen, som fortsatt lammer de forurensede regionene i forhenværende Sovjetrussland. Også der tar en feil: et rikt, men lite land betyr boligpriser langt utenfor rekkevidde. Omplasseringen av de evakuerte fra Tsjernobyl – mer enn 250 000 i alt, har opplagt kostet landet mindre enn det ville koste Japan å gjøre det samme like bra. Men en tar fremfor alt feil fordi *Atom-og stråleverninstitutt-klubben* har tatt makten i Japan – med en kommunikasjonsstrategi perfeksjonert gjennom lærdommen fra Tsjernobyl.

Til slutt kan en si at Sovjetunionen i tiden med Glasnost og Perestrojka ga utvilsomt større frihet for ulike initiativer enn det japanske demokratiet som er bundet opp av store politiske og industrielle pressgrupper; et ideelt terreng for det Internasjonale Atomenergibyrået IAEA til å operere fritt i: det er IAEA som har blitt betrodd alt ansvar for å administrere den radioaktive krisen i landet! (*IAEA har som formål å spre fredelig atomkraft...*) Fram til nå er det ingen tegn til en japansk Nesterenko... men vi må ikke fortvile, det japanske samfunnet koker.

Ved veis ende i dette etterordet, la oss prøve et smertefull tankeeksperiment: la oss overføre lærdommen i denne lille boken, til norsk – eller europeisk sammenheng. Atomfysikkens lover bryr seg ikke om grenser, nasjonalitet eller teknologiske nyanser. Samme årsak = samme virkning! Det finnes ingen ren atomteknologi, verken i det sivile eller i det militære (i motsetning til en myte skapt i 1962, året for den første franske prøvesprengningen, er den europeiske/ franske bomben like skitten, og vel så det - fordi den ville vært sterkere, enn for eksempel en iransk bombe). Konsekvensene av en stråleulykke ville vært i samme størrelsesorden, og de etterfølgende restriksjonene likeså. Våre styresmakter ville henfalle til de samme feilene som deres japanske kollegaer har vist mange eksempler på, ved å tro på dekontaminering ved å få spylt bygninger eller ved å skrape bort overflaten på noen parseller med jord her og der! For all del, ikke evakuere, ikke sikre det eneste som ville gitt effektivt vern, men som også er det dyreste. På kort sikt.

Og det ville ikke vært en fransk/ europeisk Nesterenko hos oss, med den enkle begrunnelsen at det til nå ikke er en eneste av pampene fra "Atom-og-stråleverninstitutt-klubben" som har skiftet side hos oss, verken etter Tsjernobyl eller etter Fukushima, for å rope høyt:

NOK ER NOK! STOPP!!

Yves Lenoir mars 2012, leder for *Barn av Tsjernobyl, Frankrike*

NOEN VITENSKAPELIGE HENVISNINGER TIL BELRAD-INSTITUTTET

V.B.Nesterenko, L.V.Bordak, V.B.Nesterenko, Stråleverninstituttet BELRAD, *Kosttilskudd basert på pektin for strålevern av den hviterussiske befolkningen*, i *Medisinske konsekvenser av Tsjernobylkatastrofen: resultater av 15 års forskning*, 3. internasjonale konferanse, 4-8 juni 2001, Kiev, Ukraina, sammendrag publisert i "Journal international de medicine radiologique", Edition spéciale Vol.3, Nr 1-2, 2001, www.enfants-tchernobyl-belarus.org/doku.php?id=base_documentaire:articles-2001:etb-11

V.B.Nesterenko, A.N.Devoino, I.E.Nesterenko, V.V.Golub, A.V.Vinnikov, A.A.Mukhlaev, Stråleverninstituttet BELRAD, *Direkte målinger av akkumuleringsnivåer av radioaktivt cesium i matvarer og i organismen til innbyggerne i hviterussiske områder forurenset av Tsjernobyl*, i *Medisinske konsekvenser av Tsjernobylkatastrofen: resultater av 15 års forskning*, 3. internasjonale konferanse, 4-8 juni 2001, Kiev, Ukraina, sammendrag publisert i "Journal international de medicine radiologique", Edition spéciale Vol.3, Nr 1-2, 2001.

Y.I.Bandazhevsky V.B.Nesterenko, stråleverninstituttet BELRAD, *Målinger av Cs137 og folkehelse*, i *"Medisinske konsekvenser av Tsjernobylkatastrofen: resultater av 15 års forskning"*, 3. Internasjonale konferanse, 4-8 juni 2001, Kiev, Ukraina, sammendrag publisert i "Journal international de medicine radiologique", Edition spéciale Vol.3, Nr 1-2, 2001.

V.B.Nesterenko, A.N.Devoyno, A.A.Mukhlayev, I.E.Nesterenko, *State and Dynamics of the Radiation Contamination of Foodstufs for Children in the Chernobyl Zone of Belarus According to the Data from Local Radiation Control Centres*, International Journal of Radiation Medicine 2004, 6(1-4): 122-129, www.physiciansofchernobyl.org.ua/magazine/PDFS/si6_2004/6_18.pdf

V.B.Nesterenko, A.V.Nesterenko, I.V.Babenko, T.V.Yerkovich, I.V.Babenko, *Reducing the 137Cs-load in the organism of "Chernobyl" children with apple pectin,* SWISS MED WKLY 2004;134:24-27. www.smw.ch

G.S.Bandazhevskaya, V.B.Nesterenko, V.I.Babenko, I.V.Babenko, T.V.Yerkovich, Y.I.Bandazhevsky; Institute of Radiation Safety BEL-RAD, Minsk, republic of Belarus, *Relationship between Cesium (137Cs) load, cardiovascular symptoms, and source of food in "Chernobyl" children - preliminary observations after intake of oral apple pectin,* SWISS MED WKLY 2004;134:725-729. www.smw.ch

V.B.Nesterenko, *Radiologisk oppfølging av befolkning og matinntak i Tsjernobyl-området i Hviterussland,* i samarbeid med A.Devoïno, V.I.Babenko, I.Nesterenko, A.V.Nesterenko, A.Mukhlaev, T.Erkovitch, I.Babenko, A.Potapoiv, O.Nesterenko, M.Kozyremko, M.Khromov, V.Derugo, Informajonsbulletin nr. 28, BELRAD, Minsk, 2005

Dossier ATLAS, utdrag, BELRAD,

www.enfants-tchernobyl-belarus.org/doku.php?id=base_documentaire:articles-2001:etb-65

www.tredition.de

ETTER ATOMULYKKEN
- EN PRAKTISK GUIDE TIL EFFEKTIV STRÅLEVERN
Forfatter: Vladimir Babenko

Oversettelse fra den adapterte, franske versjonen (*Après l'accident atomique*) til norsk: Susanne Urban

© 2013 Susanne Urban

Første utgave norsk versjon november 2013

Coverdesign, illustrasjon: mariourban.com

Fonts: **Futura**
Mignon Pro 11/12, 9
Cover paperback, matt
Papirtype: chamois

Forlag: tredition GmbH, Hamburg

Paperback ISBN: 978-3-8495-7258-7

Printed in Germany

Bibliografisk informasjon publisert av Deutsche Nationalbibliothek:
Den tyske nasjonalbiblioteket viser denne publikasjonen i Deutsche National Bibliografi; detaljerte bibliografiske data er tilgjengelig på internett på http://dnb.d-nb.de.

FSC
www.fsc.org
MIX
Papier | Fördert
gute Waldnutzung
FSC® C083411

Zeitfracht Medien GmbH
Ferdinand-Jühlke-Straße 7
99095 Erfurt, Deutschland
produktsicherheit@kolibri360.de